SCIENCE ET RELIGION

Études pour le temps présent

LES GRANDS PAPES

INNOCENT III

ET

L'APOGÉE DU POUVOIR PONTIFICAL

PAR

J. BRUGERETTE

Professeur licencié d'histoire et de philosophie
Officier d'académie

Deuxième édition

PARIS

LIBRAIRIE BLOUD ET Cie

4, RUE MADAME, ET RUE DE RENNES, 59

SCIENCE ET RELIGION
Études pour le temps présent

LES GRANDS PAPES

INNOCENT III

ET

L'APOGÉE DU POUVOIR PONTIFICAL

PAR

J. BRUGERETTE

Professeur licencié d'histoire et de philosophie
Officier d'académie

PARIS

LIBRAIRIE BLOUD ET Cie

4, RUE MADAME ET RUE DE RENNES, 59

DANS LA MÊME COLLECTION

Du même auteur.

150. — **Les Morales indépendantes et la Morale évangélique.** *Essai de synthèse chrétienne.* 3ᵉ édition............................ . 1 vol.

183. — **La Déclaration des Droits de l'homme et la Doctrine catholique.** 4ᵉ édition............. 1 vol.

235. — **Si toutes les Religions se valent ?** 3ᵉ édition....................................... 1 vol.

282. — **Les Créations religieuses de la Révolution.** *Le Culte de la Nature et le Calendrier républicain. Le Culte de la Raison et celui de l'Etre suprême.* 2ᵉ édition....................................... 1 vol.

283. — **Le Club des Jacobins.** *Le mot et la chose. L'organisation jacobine. Doctrine et psychologie jacobine.* 2ᵉ édition....................................... 1 vol.

353. — **Grégoire VII et la Réforme du XIᵉ siècle.** 1 vol.

Cours complet d'histoire, à l'usage de l'enseignement secondaire, rédigé conformément aux programmes officiels du 31 mai 1902, par M. J. BRUGERETTE, professeur d'histoire. Neuf volumes in-12 avec gravures et cartes, cartonnage toile. (Cattier, éditeur à Tours).

La composition historique, sujets et textes, plans et développements, références bibliographiques, à l'usage des candidats aux divers baccalauréats. 1 vol. in-12, **3** francs. — Vitte, éditeur à Lyon.

Comment faut-il prêcher. *Lettres à un jeune prédicateur.* 1 vol. in-12, **3** fr. **50.** Nouvellet, éditeur à Lyon.

INNOCENT III
ET L'APOGÉE DU POUVOIR PONTIFICAL

INTRODUCTION

Avec Innocent III le pouvoir pontifical devait arriver à son apogée. C'est alors que parut, pour un temps, réalisé pleinement ce que Grégoire VII avait rêvé pour la Papauté : une autorité souveraine dans l'Eglise, et dans la chrétienté une puissante autorité morale qui dominait les rois. Aucun pape n'avait encore exercé un pareil pouvoir. Une œuvre aussi grandiose contrariait trop d'intérêts et froissait trop de préjugés pour ne pas susciter la contradiction. Comme Grégoire VII, Innocent III n'a pas échappé à cette inévitable destinée de voir ses paroles et ses actes méconnus par tous ceux qui n'ont pas eu l'intelligence de la mission de la Papauté au moyen âge ou de l'organisation sociale au milieu de laquelle s'est développé le gouvernement pontifical. Bossuet lui-même s'est montré sévère pour la mémoire de ce grand pontife, attestant ainsi, par un illustre exemple, que la conscience la plus éclairée et la plus droite peut se laisser égarer, quand elle subit l'influence des préjugés et des idées exclusives de son époque. C'est d'ailleurs l'habituelle injustice de tous ceux qui veulent juger les hommes du passé en mesurant leurs actions à des mœurs ou à des règles étrangères aux habitudes et à l'idéal de leur siècle. Pour comprendre et apprécier en toute équité le rôle d'Innocent III, il faut donc le situer avant tout dans le cadre des événements et des idées qui dirigèrent sa conduite. La physionomie de ce pontife apparaîtra alors comme « la personnification la plus complète et la plus resplendis-

sante de la Papauté au moyen âge » (1). Elle domine
d'ailleurs son siècle par un ensemble de qualités que ce
siècle ne connaissait guère. Car cet homme que l'on
nous a si souvent représenté disposé à « tout sacrifier à
l'utilité de sa personne ou de son siège » (2), cet homme
qui ne croyait pas que la vérité pût subir un partage et
auquel les historiens gallicans, parlementaires ou irré-
ligieux du dix-neuvième siècle ont si vivement reproché
l'absolutisme de sa doctrine, cet homme avait, dit
M. Luchaire, « le sens droit et les idées larges ». L'ins-
tinct de l'opportun et du possible, l'esprit de tolérance
et l'équité, voilà des choses que l'on n'est pas habitué
à chercher dans les décisions et dans les actes d'Innocent III. Elles constituent cependant l'originalité de
celui qui réalisa le rêve de domination universelle des
papes. Elles caractérisent son œuvre politique aussi
bien que son œuvre religieuse ; elles suffiraient, au
besoin, à faire de son pontificat la plus brillante époque
de la Papauté.

CHAPITRE PREMIER

La Papauté et l'Eglise à l'avènement d'Innocent III.

Le 8 janvier 1198, le peuple romain célébrait les
funérailles du pape Célestin III, et, ce même jour, il
acclamait son successeur dans la personne du cardinal
Lothaire, de la famille des comtes de Segni, qui prit le
nom d'Innocent III. Les cardinaux avaient élu le plus
jeune des membres de la curie romaine ; ils avaient
remplacé un pape nonagénaire par un pape de trente-
sept ans, marquant ainsi leur volonté d'avoir à la tête
de l'Eglise un homme de décision et de vigueur « capable

---

(1) HURTER, *Histoire du Pape Innocent III*, t. I, p. 22.
(2) FLEURY, *Histoire ecclésiastique.*

d'en sauvegarder les intérêts et d'en relever les prérogatives » (1). Le choix du Sacré Collège ne pouvait être plus heureux, car celui qui en était l'objet devait laisser une trace profonde dans les annales du monde chrétien et du pouvoir pontifical. Mais pour apprécier à sa juste valeur l'œuvre d'Innocent III, il importe de rappeler tout d'abord quel était l'état de la Papauté et de l'Eglise à l'époque où le jeune successeur de Célestin III fut appelé à la direction de la chrétienté.

*
* *

Grégoire VII avait restauré tout à la fois l'Eglise et la Papauté et son œuvre ne fut point vaine. La main de ce robuste ouvrier avait construit sur des bases solides l'édifice grandiose où la monarchie des âmes allait, jusqu'à la fin du xviiiᵉ siècle et malgré bien des orages, abriter ses glorieuses destinées. Or, depuis la réforme grégorienne, le pouvoir pontifical n'avait fait que se préciser et s'affermir. Les idées de Grégoire VII sur la suprématie du Saint-Siège, qui avaient paru en leur temps des nouveautés, étaient entrées dans la doctrine de l'Eglise. Un moine camaldule de Bologne, nommé Gratien, avait repris les propositions formulées dans les célèbres *Dictatus papæ* pour les introduire dans le *Decretum* qui porte son nom ; et, dès l'origine, le Décret de Gratien eut un succès rapide ; il fut adopté comme base de l'enseignement dans les Facultés de droit canon qu'on appela bientôt les *Facultés de Décret*. Il eut encore cette fortune d'être commenté, résumé, glosé par une légion de canonistes auxquels on donna le nom de *décrétistes*. Il devint enfin la première partie du *corpus juris canonici*, recueil officiel du droit canon qui devait se former peu à peu. Ce décret avait contribué grandement à faire passer de la théorie dans la pratique la doctrine du pouvoir absolu du pontife romain sur l'Eglise universelle : Le pape institué par

(1) I. Rocquain, *La cour de Rome et l'esprit de réforme avant Luther.*

Dieu lui-même agit avec une autorité divine ; nul n'a le droit de lui demander raison de ses actes ; sa volonté est la raison suprême et dans son sein est déposé toute la source du droit. Dans le décret de Gratien le pape est encore comparé au Christ qui soumis en apparence à la loi est en réalité le maître de la loi, il est lui-même la loi vivante.

On voit la place que le pape tient déjà à cette époque dans l'Eglise. Puisque le pontife romain établit le droit, il lui appartient d'en fixer le sens et d'en régler l'application. Le pape fixe la foi comme le droit. C'est lui qui doit, ainsi que l'affirme déjà saint Bernard, éclaircir les difficultés du dogme ; il est la grande autorité doctrinale, car c'est lui qui s'est chargé de commenter les Écritures, *exponere scripturas.* Sur les questions de morale également les évêques prennent l'avis du pape. Aussi bien, les consultations les plus imprévues, les plus embarrassantes viennent-elles assiéger la chaire de saint Pierre de tous les points de la chrétienté. Mais le pape n'est pas seulement dans l'Eglise une grande autorité judiciaire, dogmatique et morale à laquelle tout le monde chrétien a recours, il est encore devenu un pouvoir qui s'est subordonné tous les autres pouvoirs ecclésiastiques.

C'est ainsi que le Pape intervient dans l'élection des évêques. La réforme ecclésiastique entreprise par Grégoire VII avait eu pour but de soustraire les élections épiscopales à l'influence des laïcs. A l'avènement du pape Lucius, le Sacré Collège s'était attribué, à l'exclusion du clergé et du peuple, le droit de désigner le Souverain Pontife. Ce changement en favorisa un autre qui depuis quelque temps se préparait dans les usages de l'Eglise : les évêques qui dans chaque diocèse étaient élus par le clergé et les fidèles le furent désormais par les chapitres des églises cathédrales, avec réserve de l'approbation du métropolitain de la province ecclésiastique. Mais, dès le xııe siècle, le Saint-Siège s'était trouvé amené à intervenir sous une double forme dans les élections épiscopales soit pour vérifier la capacité de l'élu, soit pour confirmer l'élection.

Dès le pontificat d'Alexandre III, on vit les Papes désigner aux chapitres le candidat de leur choix. Les évêques une fois élus allaient demander leur confirmation non plus aux métropolitains (1), mais au Pape lui-même. Ils étaient évêques alors « par la grâce de Dieu et le siège apostolique et romain ». Le Pape qui ne confirmait auparavant que les archevêques prit ainsi l'habitude de confirmer également leurs suffragants. Les voyages *ad limina* que les évêques devaient faire après leur sacre devinrent au XIIe siècle une règle inflexible. Aucun évêque ne pouvait donner sa démission sans l'assentiment du Pape qui par suite pouvait seul autoriser les mutations de sièges, suspendre ou déposer leurs titulaires.

Bien des restrictions furent d'ailleurs apportées à l'exercice du pouvoir épiscopal. D'abord, dans toutes les affaires importantes le Pape délègue ses *légats a latere* (agents pris auprès de lui) dont le rôle est de contrôler et de surveiller la gestion épiscopale, c'est-à-dire de faire prévaloir les volontés du Saint-Siège. Dès le XIIe siècle, le Pape s'est réservé l'examen de toutes les affaires importantes. Alexandre III, en 1153, enlève, par exemple, aux évêques les procès de canonisation des saints.

Au Pape appartient encore le droit de donner des dispenses de toute sorte, y compris les exemptions de la juridiction épiscopale accordées aux chapitres, aux monastères ou aux ordres religieux. A quiconque en fait la demande le Pontife romain délivre des lettres de privilège qui l'exemptent de cette juridiction et lui permettent d'en appeler en cour de Rome. Par le droit d'appel les affaires affluent à Rome de tous les points de la catholicité, au détriment de l'autorité ordinaire des évêques ; elles se multiplient de telle sorte que, dès le XIIe siècle, Hildebert de Tours, saint Bernard, d'au-

(1) L'appréciation des conditions canoniques d'éligibilité fut retirée aux métropolitains par suite des mesures prises contre la simonie, fait criminel dont le Pape était juge, et par suite des décrets relatifs aux interstices et aux irrégularités dont le Pape seul pouvait donner dispense.

tres encore reprochent à la cour de Rome sa facilité à admettre une voie de recours excellente dans son principe, mais qui demande à être réglementée. Tous ces faits manifestent bien la centralisation nouvellement établie dans le gouvernement de l'Eglise. Tout aboutit à Rome et le Pape justifie déjà le titre, d'ailleurs très légitime, *d'évêque universel* que se donnera Innocent III.

La suprématie pontificale apparaît avec non moins d'éclat dans les rapports des deux puissances spirituelle et temporelle. La théorie grégorienne de la primauté romaine était d'ailleurs trop conforme aux idées de l'époque pour ne pas prévaloir tôt ou tard sur les théories contraires proposées par les légistes des rois en vue d'assurer la complète indépendance de leurs souverains.

Avant même d'être parvenue à ce degré de hauteur, sinon de majesté qu'avait voulu Grégoire VII, la papauté avait montré par des exemples retentissants, le sentiment qu'elle avait alors de son autorité. En 1180, le roi d'Ecosse, Guillaume, avait empêché un évêque nouvellement élu de prendre possession de son siège. Alexandre III lui écrivit : « Nous vous avertissons que si, vingt jours après la réception de nos lettres, vous ne vous êtes pas amendé, notre légat lancera l'interdit sur vos Etats, et vous frappera d'excommunication. Et si vous persistez dans vos violences, tenez pour certain que le même zèle que nous avons mis à conserver à votre royaume son indépendance, nous le mettrons à la lui ôter. » Par la résistance du prince, la mesure pouvait donc atteindre tout à la fois le chrétien et le chef d'Etat. C'était l'affirmation éclatante du droit d'intervention de la Papauté dans les affaires intérieures des États.

La religion n'était pas d'ailleurs le seul mobile de l'intervention pontificale. Le pape pouvait intervenir dans les affaires politiques, soit comme arbitre entre un roi et ses sujets, soit comme médiateur entre deux princes ennemis, soit comme juge entre deux compétiteurs au trône. En Espagne, Alexandre III érige le royaume de Portugal et le donne au roi Alphonse, il protége, comme nous venons de le voir, le roi d'Écosse

Guillaume, contre les entreprises de Henri II. Mais ce qu'il y a de plus caractéristique dans cet ordre d'idées, c'est assurément le fait plusieurs fois répété de princes qui plus ou moins spontanément viennent offrir au pape leurs domaines ou leurs couronnes pour les recevoir ensuite de lui, à titre de fiefs. Le premier exemple paraît avoir été donné par la comtesse Mathilde de Toscane, qui fit hommage de tous ses alleux au pape Grégoire VII. En 1180, le comte Pierre de Substantion reçoit de même d'Urbain II à titre de fief le comté de Maguelonne, qu'il avait précédemment offert à Grégoire VII. La papauté pouvait espérer que d'autres princes se reconnaîtraient ses vassaux et qu'un jour viendrait où tous les trônes du monde mettraient leur honneur à « s'appuyer sur le siège apostolique afin de faire régner sur la terre l'unité, la justice et la paix ». Lothaire II, empereur d'Allemagne, s'était incliné devant Innocent II. « Il s'est fait l'homme du pape, disait une inscription, et de ses mains il a reçu la couronne. »

Convaincus d'autre part, qu'une souveraineté temporelle était une précieuse garantie d'indépendance pour l'Eglise, les papes du moyen âge s'efforcèrent de conserver intact ou même d'agrandir « le patrimoine de saint Pierre » que l'appui de Charlemagne leur avait permis de constituer. En 1115, sous le pontificat de Pascal II, la comtesse Mathilde mourut, léguant ses alleux au Saint-Siège (1).

En résumé, le pape, souverain du domaine de saint Pierre, suzerain des rois, chef spirituel de la chrétienté, occupe dans le monde civilisé une situation à laquelle nulle autre ne peut être comparée. La prédication de la première croisade fera l'épreuve du pouvoir pontifical, elle donnera la mesure de son influence. Au premier appel d'Urbain II, les générations du xi⁰ siècle se trouvèrent réunies dans un même élan d'enthousiasme et de passion pour l'héroïsme et le sacrifice, entraînées

---

(1) *Histoire générale* de RAMBAUD et LAVISSE, tome II : « L'Eglise et le pouvoir pontifical. »

sans distinction d'âge, de condition et de sexe vers cette
Terre Sainte, occupée et profanée par l'Infidèle. Ainsi,
pour la première fois, grâce à l'action de la papauté,
le seul pouvoir général et vraiment supérieur qu'il y
eût alors, l'Europe avait pris conscience de son unité, et
« cette unité catholico-féodale » apparut plus solide
et plus puissante que ne l'avait été l'unité romaine
elle-même. C'est qu'elle était faite, non de la ressem-
blance des formes administratives, mais de l'intime
communauté des sentiments religieux (1), c'est qu'elle
s'appuyait sur le pouvoir moral et politique le plus
respecté et le plus ferme.

Jamais cependant la puissance pontificale ne s'était
vue aussi près de la déchéance totale que durant les
dix-sept années qui venaient de s'écouler entre la mort
d'Alexandre III et celle de Célestin (1181-1198). Le
règne de l'empereur Henri VI, dont la disparition impré-
vue avait précédé d'une année l'avènement d'Innocent III, avait marqué une sorte de déclin pour l'autorité
du Saint-Siège. Ce n'est pas que la papauté se fût
amoindrie dans l'Eglise, mais un long exil semblait
avoir atteint son prestige. L'année même où s'était
réuni le troisième concile de Latran (1179), Alexandre III
s'était vu contraint de quitter Rome, et résidant successivement à Sequi, à Velletri, à Tusculum, à Viterbe,
il était allé finir ses jours dans un demi-exil à Civita-
Castellana (2). Le Pape Lucius III était mort à Vérone
en 1185, en lutte sourde avec Frédéric Barberousse et
sans avoir pu rentrer dans la capitale de la catholicité
que s'obstinait à lui fermer l'hostilité des Romains. Son
successeur Urbain III passa également comme lui en
exil les deux courtes années de son pontificat.
Grégoire VIII était mort à Pise en 1186. Clément III
avait pu rentrer à Rome le 1er février 1188 avec le
consentement des Romains ; il n'y rentra toutefois que
sous des conditions rigoureuses que lui avaient impo-

(1) Cf. de CROZALS, *Histoire de la civilisation*, chapitre : « **Les
Croisades.** »

(2) Voir JAFFÉ WATENBACK, 21 juillet 1179-30 août 1181.

sées les sénateurs agissant au nom et comme mandataires du peuple. D'un caractère faible et irrésolu que pouvait expliquer son grand âge, le pape Célestin III, élu le 30 mars 1191, avait vu le domaine de saint Pierre envahi par les soldats de l'empereur Henri VI et n'avait point su contenir les ambitions de ce vigoureux despote qui avait réussi là où ses prédécesseurs avaient échoué. Maître de la Sicile et du duché de Pouille, et de la Calabre par son mariage avec l'héritière des anciens rois normands, Constance, il était parvenu à conquérir et à garder presque tout le reste de la péninsule (1). « Que pouvaient contre un tel homme, dit M. Luchaire, le pape et ses cardinaux ? » Ils l'avaient excommunié en vain. Par deux fois (1195 et 1196), Célestin III avait complètement rompu avec l'Empereur, il avait été réduit à négocier contre lui avec les mécontents d'Allemagne et à s'allier avec l'empire grec. Le « marteau du monde », comme l'abbé Joachim de Flovis appelait Henri VI, n'en continuait pas moins à germaniser l'Italie. Il fallut la mort subite du terrible souverain, pour qu'on vît se dessiner nettement dans les diverses régions de la Péninsule un mouvement hostile à l'étranger. C'est au milieu de cette crise qu'Innocent III avait été élu pape.

Certains abus qui furent la conséquence de la centralisation pontificale commençaient, d'autre part, à jeter le discrédit sur la papauté. Les missions des *légats* excitaient parfois des murmures justifiés ; ces clercs, désignés par le pape pour le représenter soit d'une façon permanente dans une circonscription déterminée, soit pour quelque affaire particulière, ne restaient pas toujours dans les limites de la compétence qui leur avait été conférée, il leur arrivait d'en sortir pour agir de leur autorité privée. De là des plaintes qui, bien que très rares encore, rejaillissaient sur le Saint-Siège. De là aussi les contestations auxquelles donnait lieu parfois

(1) Voyez LUCHAIRE, *Innocent III, Rome et l'Italie,* chapitre II : « La commune de Rome ». Voyez aussi F. ROCQUAIN, ouvrage déjà cité pour l'étude détaillée des prédécesseurs d'Innocent III. On trouvera dans MIGNE, tome CCI, la correspondance de ces pontifes.

l'autorité même des légats. L'un d'eux qui avait menacé
Philippe-Auguste de jeter l'interdit sur son royaume
s'il ne s'accordait pas avec Henri II, reçut du roi de
France cette réponse : « Je ne crains pas votre sentence, parce qu'elle n'est pas juste (1). » Parole grave,
la plus grave peut-être qui eût été prononcée depuis un
demi-siècle. C'était dire, en faisant de l'exception la règle,
que la papauté avait failli aux devoirs de cette magistrature morale dont les bienfaits lui servaient à légiti-
mer les titres, c'était affirmer aussi que le sentiment
d'une justice autre que celle de Rome commençait à
pénétrer dans la société civile. Les affaires portées en
appel au siège apostolique donnaient lieu encore à de
vives récriminations contre la curie romaine. Si ces
affaires étaient une source de revenus pour les cardinaux par les procès onéreux qu'elles entraînaient souvent et qui obligeaient les justiciables à avoir la bourse
à la main, elles avaient malheureusement pour effet de
scandaliser les âmes pieuses et de défrayer la verve des
ennemis de l'Eglise.

Le prestige de la papauté avait surtout souffert de
son échec dans les grands efforts qu'elle avait tentés
pour recouvrer la Terre Sainte.

L'attitude de la papauté dans ses rapports avec les
hérétiques prouvait encore qu'elle n'avait déjà plus au
même degré l'adhésion des esprits. Jusqu'au concile
de Vérone (novembre 1184), des voix écoutées de toute
l'Eglise n'avaient pas cessé de se faire entendre pour
conseiller la clémence à l'endroit des hérétiques. Sous
Grégoire VII, un homme de Cambrai, déclaré coupable
d'hérésie avait été livré aux flammes par les officiers
épiscopaux et par le peuple, le pape s'éleva avec force
contre cette « cruauté impie » et ordonna à l'évêque de
Paris d'en rechercher et punir les auteurs (2). L'abbesse
Hildegarde, morte en 1179 et que l'Eglise devait un
jour honorer comme une sainte, écrivait à des princes

(1) « Respondit quod sententiam non timeret, cûm nulla æquitate
niteretur. » (Roy de Hared.)

(2) Grégoire VII, t. IV, cp. 20 (25 mars 1177).

qui avaient laissé brûler les hérétiques dans leurs Etats :
« Il vous est permis de les bannir, non de leur ôter la
vie, car ils sont faits comme vous à l'image de Dieu (1). »
Avant elle, saint Bernard avait dit dans une circonstance analogue : « J'approuve le zèle qui a dicté le
supplice ; c'est par la persuasion, non par la force
qu'il faut ramener les hommes à la vérité (2). » Or,
contrairement aux pratiques de l'âge précédent, le Saint-
Siège se vit obligé de s'allier aux pouvoirs civils pour
la recherche et la punition des hérétiques dont la
puissance était devenue telle qu'elle ne mettait pas
seulement en péril l'intégrité de la foi, mais menaçait
encore l'Eglise elle-même dans sa hiérarchie et le Saint-
Siège dans son empire spirituel.

*
* *

Les mêmes causes de grandeur et de décadence se
retrouvent dans l'organisation et dans la vie de l'Eglise.
La réforme du clergé continuée par les successeurs de
Grégoire VII avait purifié et rajeuni le corps ecclésiastique. L'élan était donné, papes et conciles ne devaient
plus s'arrêter avant d'avoir complètement guéri le
sacerdoce de ces deux plaies honteuses qui avaient
corrompu si profondément l'Eglise, l'incontinence et la
simonie.

Pendant que le clergé séculier achevait de se réformer
sous la main énergique de la Papauté, le clergé régulier ne cessait d'élargir ses rangs. De Léon IX à
Grégoire IX on constate, en France surtout, un développement inouï de la vie monastique. Le moyen âge,
on l'a dit bien souvent, est une époque de contrastes :
c'est l'époque des mœurs violentes, brutales, sensuelles,
c'est aussi l'époque des repentirs éclatants et des lon-
gues pénitences, l'époque de mortifications et d'austé-

____

(1) « Ab ecclesia (hœreticos), expellendo et non occidendo, effugate
quoniam forma Dei sunt ». S. Hildeg. oper., cp. 47, MIGNE, t. CXVII.

(2) « Approbamus zelum, sed factum non suademus, quia fides sua-
denda est non imponenda. » Sermo 66. S. Bernardi *opera*. MIGNE,
t. CLXXXII, p. 1101.

rités dont le seul récit effraie la délicatesse moderne.
Saint Bruno et saint Bernard, sainte Hildegarde et
sainte Elisabeth de Schœnau ouvriront la voie royale
du sacrifice et de la croix aux saint François d'Assise,
aux saint Dominique, aux saint Louis de France et
aux sainte Elisabeth de Hongrie, les grandes figures
ne sont pas isolées. Des millions d'âmes envahies par
le dégoût du monde et éprises d'idéal les imitent, et pour
la plupart se réfugient dans les cloîtres. Les anciens
monastères ne suffisent plus. De toutes parts, il s'en
fonde de nouveaux, sans compter les confréries et
associations religieuses de toutes sortes, sans compter
non plus cette création si originale des ordres militaires,
nés à la suite des croisades (1). Le xɪɪᵉ siècle, en particulier, est l'époque de la fondation des chanoines
réguliers de Saint-Augustin dont les règles étaient
encore plus sévères que celles des moines, des Norber-
tins ou Prémontrés, des chanoines de Saint-Victor. Vers
la fin du xɪɪᵉ siècle, d'autres ordres moins importants vinrent encore s'ajouter aux ordres célèbres de
Cluny et de Cîteaux, les Frères pontifes en 1189, les
Trinitaires et les Hospitaliers du Saint-Esprit en 1198,
les Béguines et Boyard, etc. Le mouvement ne s'arrê-
tait pas.

Il faut cependant reconnaître que les abus n'avaient
pas encore complètement disparu de l'Eglise, à l'avènement d'Innocent III. L'énergie des Souverains Pontifes
ne se lassait pas de combattre l'incontinence des clercs
et les pratiques simoniaques, elle ne triomphait que
difficilement de ces désordres entrés depuis trop longtemps dans les mœurs. Les résistances au décret du
troisième concile de Latran (2) qui faisait de la qualité
de prêtre, diacre ou sous-diacre, un empêchement
dirimant au mariage des prêtres furent très vives dans
certains pays. La Pologne, la Silésie, la Moravie ne se
soumirent qu'à la fin du xɪɪᵉ siècle, le Danemark, la
Suède et la Hongrie qu'au xɪɪɪᵉ. Le luxe d'un trop grand

(1) Cf. Rambaud et Lavisse. *Histoire générale*, t. II.
(2) Convoqué sous Alexandre III en 1179.

nombre d'évêques, leur existence trop profane excitaient
aussi des plaintes justifiées. Ces prélats déployaient un
tel faste, ils emmenaient à leur suite une telle quantité
de chevaux, que leurs visites pastorales étaient deve-
nues un fardeau pour les églises et qu'on y vendait
quelquefois jusqu'aux vases sacrés pour subvenir aux
frais qu'occasionnait leur présence. Le troisième concile
de Latran avait dû mettre un frein au luxe des prélats
en décidant que, dans leurs visites pastorales, les archevêques ne pourraient emmener avec eux, plus de qua-
rante à cinquante chevaux, ni les évêques plus de
vingt. Il avait enfin prescrit des mesures propres à
remédier à la pluralité des bénéfices et à l'usage qui
commençait à s'introduire de les promettre et parfois
de les conférer avant qu'ils ne fussent devenus vacants
par la mort du titulaire. Il en était malheureusement
de ces règlements comme des prohibitions contre la
simonie et des lois sur le célibat toujours rappelées et
imparfaitement observées.

L'esprit du siècle avait atteint le clergé régulier
lui-même. Le temps n'était déjà plus où la mysticité
du moine apparaissait au monde chrétien comme « la
pointe de la sainteté de l'Eglise et de son épée ». L'in-
tensité du mouvement qui poussait les âmes à embras-
ser la vie religieuse pouvait faire illusion. En réalité le
mouvement menaçait de dévier. La multiplicité des
règles et la rivalité des congrégations nuisaient à la
discipline. La grande affaire pour certains monastères
semblait être de vaincre en luxe et en puissance les
congrégations rivales. Le clergé régulier avait fini par
trouver dans l'accroissement de ses richesses maintes
occasions de relâchement. Confiné d'autre part dans
des monastères toujours situés à la campagne dans les
lieux les plus écartés, il vivait trop séparé de la société
laïque qui se répandait de plus en plus dans les villes,
pour exercer sur elle une influence véritablement efficace. C'est, en effet, l'époque du renouvellement rapide
de la classe urbaine, qui mettait sans cesse au service
de la commune, de ses droits et de ses progrès une popu-
lation plus nombreuse, plus éclairée, dont l'ambition

grandissait avec la force et les lumières, tandis que par
les guerres, l'oisiveté et la contemplation béate de ses
avantages héréditaires, la classe seigneuriale perdait
et le nombre et l'intelligence et le droit à ces privilèges
autrefois légitimes, quand ils étaient justifiés par les
services. Les établissements religieux devaient d'ailleurs
fournir aux communes des modèles d'organisation dont
elles allaient faire leur profit. C'est ainsi que pour naître
et grandir une institution nouvelle prend partout autour
d'elle les éléments qui conviennent à sa nature et favo-
risent ses tendances. Ainsi s'établissent par un travail
caché et que l'histoire n'est pas toujours assez atten-
tive à mettre en lumière, les mille liens mystérieux qui
unissent les unes aux autres les générations, et la grandeur naissante de tels principes sociaux au déclin de
telles grandes institutions.

Phénomène à noter et qui n'est pas sans exemple
dans les annales de l'Eglise. A mesure que se dévelop-
pait la vie religieuse par l'extension des ordres monastiques, la piété diminuait dans les âmes. Le développement extraordinaire de la vie religieuse à cette époque
était sans doute une protestation contre l'oubli des vertus évangéliques dans une société qui perdait de plus en
plus les habitudes de la pénitence et du renoncement.

Mais cet affaiblissement du culte privé pouvait être
aussi considéré comme le contre-coup du relâchement
auquel s'étaient laissés aller certains monastères, c'est-
à-dire des hommes dont le devoir fut toujours de donner
l'exemple. C'est ainsi que la masse du peuple avait
abandonné depuis longtemps la pratique de la communion fréquente, les personnes pieuses elles-mêmes ne
s'approchaient plus des sacrements qu'aux principales
fêtes.

Les pénitences publiques étaient peu à peu tombées en
désuétude. L'abus du rachat des pénitences et des in-
dulgences avait commencé à produire ce résultat ; la
décadence se poursuivait à mesure que ces moyens
d'éviter les rigueurs anciennes se multipliaient.

Enfin le grand mouvement religieux qui avait abouti
à la réforme du clergé séculier et à l'exclusion des

ordres monastiques n'avait pas produit seulement
de bons effets. Au tableau il y a une ombre.
Depuis la mort de saint Bernard (1153), la chrétienté
avait vu des opinions nouvelles compromettre l'unité
de la croyance. Nées parfois d'un sentiment généreux,
s'autorisant d'efforts en apparence analogues faits par
les véritables réformateurs, les sectes hétérodoxes s'é-
taient multipliées ; elles se présentaient en général
comme une forme plus pure du christianisme ou
comme un retour à l'esprit de l'Eglise primitive, affec-
tant un zèle de piété et une austérité de mœurs qui, de
l'aveu d'Innocent III, faisaient un sensible contraste
avec l'orgueil où se laissaient emporter les hauts digni-
taires du clergé et l'opulence où s'abîmaient les vertus
évangéliques (1), puis, l'exaltation mystique aidant,
elles finissaient par se perdre dans un chaos de doctrines bizarres et souvent immorales. On peut ramener
les hérésies de l'époque à trois groupes : les unes s'ins-
piraient surtout de principes montanistes comme les
Petrobrusiens et les Vaudois qui avaient dû leur succès
aux discours véhéments de leurs fondateurs contre le
relâchement du clergé de leur temps. D'autres profes-
saient plutôt les théories panthéistes comme les Amau-
riciens qui concluaient de l'application de ces théories
à l'Evangile que l'homme, « membre du Christ, » n'a-
vait plus besoin de sacrements, « la sanctification con-
sistant simplement dans le sentiment de la présence de
Dieu et ne pouvant se perdre même par les excès de la
chair ». Mais de toutes ces sectes, la plus redoutable
était celle des Cathares ou Albigeois dont les doctrines
manichéennes et les prédications révolutionnaires
mettaient en péril l'existence de l'Etat comme celle
de l'Eglise. On conçoit en effet qu'avec le rejet de
toute autorité et la condamnation du mariage et de la
propriété, les idées de ces hérétiques aient paru aux contemporains devoir amener non seulement la destruction

(1) Hœretici incautos tanto facilius post se trahunt, quanto ex vita
archiepicospi (Narbonensis) et aliorum prælatorum ecclesia contra
ecclesiam sumunt perniciosius argumentum. (Ep. VII, 75. Cf. Ep. I,
94 ; II, 123.)

dù christianisme en Occident, mais aussi la ruine de la société. Dominante dans les provinces du midi de la France qui étaient alors les contrées les plus civilisées de l'Europe, et déjà puissante en Italie, l'hérésie cathare ou albigeoise n'avait pas seulement poussé ses ramifications en Allemagne et en Flandre, elle avait pénétré en Espagne, en Sicile et gagné jusqu'aux pays slaves. A mesure que s'était accru le nombre de ses adeptes elle s'était organisée ; elle avait ses pasteurs, ses communautés, ses diocèses. Toulouse était le chef-lieu de la secte en France comme Milan l'était en Italie. Entre les Cathares des diverses contrées s'étaient établies des communications fréquentes et régulières. Ils entretenaient également des rapports avec les hérétiques d'autres dénominations qui différant d'eux par la doctrine étaient comme eux opposés à l'Eglise romaine qu'ils menaçaient de submerger (1).

Les cardinaux qui élurent Innocent III avaient eu le sentiment de tous ces périls qui menaçaient la Papauté et l'Eglise. Abdiquant ces rivalités qui dirigeaient quelquefois le Sacré Collège dans le choix des Pontifes, ils s'étaient accordé pour placer à la tête du monde chrétien l'homme le plus capable de défendre l'Eglise et de relever le prestige du Saint-Siège.

CHAPITRE II

Innocent III. — Son caractère. — Ses idées.

En annonçant lui-même, selon l'usage, son avènement aux Eglises et aux princes de la chrétienté, Innocent III avait senti le besoin de s'excuser d'avoir été élu pape à trente-sept ans. Il se comparait ingé-

---

(1) Voyez F. Rocquain, ouvrage déjà cité, livre V.

nieusement à Benjamin « qui avait trouvé au fond du sac la coupe d'argent », et, cherchant les raisons du choix de la curie romaine, il se bornait à rappeler que « les voies de Dieu sont mystérieuses et ses jugements incompréhensibles ». « Ce n'est pas sans surprise, ajoutait-il, que nous voyons parfois pour l'exercice de l'autorité suprême, les jeunes gens passer avant les hommes d'âge. » Ce qu'il ne pouvait point dire sans sortir des formules de la modestie officielle, ce qu'il n'osait peut-être point penser de lui-même, c'est que dans cette heure de crise que traversaient la papauté et l'Eglise, à la fin du xii⁰ siècle, il était par l'ensemble de ses qualités, l'homme le plus capable de dominer la situation.

Le temps n'était plus aux ascètes. Il fallait à la tête du monde chrétien un chef vigoureux, actif, militant. Si le Sacré Collège avait élevé au pouvoir le plus jeune de ses membres, s'ils avaient fait un pape de trente-sept ans, c'est qu'ils connaissaient l'énergie du cardinal Lothaire de Ségni. Le nouveau pape rappelait Grégoire VII par son tempérament combatif, il avait son zèle infatigable, il était plein, comme lui, de la conscience de sa tâche. Le caractère d'Innocent III était cependant bien différent de celui de Grégoire VII. L'un fut l'homme à la piété austère, à la volonté de fer, qui va droit à son but sans s'inquiéter des obstacles, sans compter avec les circonstances. L'autre, pieux sans mysticisme, esprit orné, souple, politique, magnanime comme un chevalier, et fin comme un diplomate, tenait compte plus aisément des obstacles et des circonstances. Moins inflexible, il savait se servir des uns et tourner les autres.

Les cardinaux avaient été encore frappés du prestige dont jouissait leur jeune collègue comme théologien, moraliste et écrivain. Innocent III avait étudié à Paris. Il était alors généralement admis que nulle part ailleurs que dans cette université « la jeunesse n'était instruite d'une manière aussi complète, aussi féconde en éclatants succès, dans la doctrine chrétienne et dans toutes les connaissances que l'usage de cette époque y rattachait » (1). Quiconque voulait passer pour théologien, devait faire ses études à Paris. Les papes eux-mêmes en appelaient souvent sur des questions de théologie et de morale aux lumières des professeurs de cette université. Voulait-on faire l'éloge d'un ecclésiastique capable d'expliquer d'une manière sage et approfondie les dogmes de la foi chrétienne, on disait généralement de lui : « On croirait qu'il a passé toute sa vie à l'Université de Paris. » Lothaire y suivit de préférence les leçons de Pierre de Corbeil. Il apprit de ce maître illustre à expliquer l'Ecriture sainte de la manière la plus large et la plus complète sans y mêler la dialectique aristotélicienne. Mais il ne négligea point l'étude des lettres humaines et le livre *De consolatione* de Boëce, le manuel d'un grand nombre d'hommes d'Etat et savants du moyen âge, paraît avoir eu beaucoup d'attrait pour lui (2). Un peu avant son avènement à la papauté, Innocent III avait donné au monde la preuve de ses succès scolaires et révélé en même temps ses qualités de moraliste et d'écrivain. Il avait publié trois traités importants, dont le plus célèbre le *De contemptu mundi* ou *De miseria conditionis humanæ* valut à son auteur une vogue extraordinaire, car on en retrouve de nombreuses copies dans toutes les bibliothèques de l'Europe. Ce traité sur l'inanité des choses humaines traduisait avec le réalisme d'expression propre aux moralistes de l'époque tout le pessimisme chrétien qui voit le monde en laid et le déprécie pour abaisser l'orgueil de l'homme. Ce n'était, à dire vrai, qu'une œuvre de jeunesse et de rhétorique. L'auteur d'ailleurs se déclarait prêt dans sa préface, à développer la thèse contraire et à célébrer « avec la grâce du Christ la grandeur de la condition humaine » ; mais sa description des laideurs, tristesses et souffrances de l'humanité répondait si exactement aux préoccupations du temps,

---

(1) Cf. Hurter, *Innocent III*, tome I, et Alexandre Neckam, ap. Bul. II, 5770.

(2) Lettre au roi Frédéric de Sicile, Gesta 33, *De contemptu mundi*, II, 36, une anecdocte d'un philosophe ancien.

que les historiens l'ont vantée « comme le dernier mot de l'ascétisme du moyen âge » (1).

Une autre considération d'un intérêt plus pratique guida également le choix des cardinaux : Innocent III était un juriste, il passait pour un des plus savants canonistes de son temps. Le brillant étudiant de Paris était venu à Bologne dont l'université avait la réputation d'être la meilleure institutrice des sciences du droit. L'étude des lois romaines avait commencé la réputation de cette université, l'étude des lois ecclésiastiques acheva sa renommée en l'étendant à toute l'Europe. Le droit romain ne pouvait avoir de valeur que dans le pays où il avait pris naissance et d'où il n'avait jamais été complètement banni, ou bien dans cette Allemagne où la puissance impériale voulait le ressusciter. Le droit canon au contraire avait la même force dans tous les royaumes qui reconnaissaient le pape pour leur chef spirituel ; partout existaient des questions innombrables qu'il fallait décider d'après le texte du droit canon, partout cette science ouvrait la carrière des dignités, car on avait besoin d'hommes versés dans la connaissance et l'application de ce droit. C'était le cas d'Innocent III avant son avènement au trône pontifical. Nul ne connaissait mieux que lui les droits de la papauté et l'exercice qu'elle en pouvait faire. On avait élu cet homme aussi versé dans la science du droit humain que dans celle du droit divin, parce qu'il avait toutes les aptitudes qui font les chefs d'Etat et les grands papes

Innocent III ne devait pas faillir à l'attente de ses électeurs.

*
* *

A peine intronisé, le nouveau pape saisit immédiatement l'occasion de dire au peuple romain et à tout le

____

(1) A. LUCHAIRE.

monde chrétien « ce qu'il pensait de sa fonction et de l'autorité qu'elle lui conférait (1) ».

Le sermon qu'il prononça le jour de son sacre fut la première affirmation de cette prééminence qu'il ne devait cesser de revendiquer, pendant les dix-huit années de son pontificat, en faveur du pouvoir papal. Comme Grégoire VII il la fondait sur la supériorité de l'apôtre Pierre. C'est à Pierre et, par conséquent, à son successeur qu'il avait été dit : « Je te donnerai les clefs du royaume des cieux et tout ce que tu lieras sur la terre sera lié dans le ciel. » Il s'agit bien d'une magistrature suprême conférée par le Christ lui-même à son apôtre et à ses successeurs. « C'est à moi, dit Innocent III, que s'applique la parole du prophète : « Je t'ai établi au-« dessus des peuples et des royaumes pour que tu arra-« ches et que tu détruises, et aussi pour que tu bâtisses « et que tu plantes. » Aussi conçoit-il le pape comme le représentant réel, indiscuté de Dieu sur la terre. De là ce titre expressif de « vicaire du Christ » que prit tout aussitôt Innocent III et qui remplaça la formule plus humble de « vicaire de saint Pierre » adopté par ses prédécesseurs.

Ces principes sur la nature et sur l'étendue du pouvoir pontifical s'appliquaient aux Eglises aussi bien qu'aux gouvernements. Nous en retrouvons l'expression dans la correspondance qu'Innocent III entretenait avec les clergés et les souverains de l'Europe. Il résumait en ces termes ses idées sur le rôle de la papauté : « Rien de ce qui se passe dans l'univers ne doit échapper à l'attention et au contrôle du Souverain Pontife. » D'où la nécessité et le droit de soumettre le monde chrétien à un pouvoir unique. « L'Eglise romaine, écrit Innocent III, est la mère et la maîtresse de toutes les Eglises de l'univers. La papauté domine la royauté. Celle-ci n'a de puissance que sur la terre et sur les corps ; celle-ci en a dans le ciel et sur les âmes. » Les rois ne règnent que sur des royaumes particuliers et des provinces iso-

(1) A. LUCHAIRE.

lées. Pierre les domine tous par la plénitude du pouvoir, étant le vicaire de Celui qui gouverne le monde et tous ceux qui l'habitent. » « Rome tient à la fois les clefs du ciel et le gouvernement de la terre. »

Ce pouvoir, Innocent III ne le fonde pas seulement sur la supériorité de l'apôtre Pierre, mais encore sur un fait d'ordre historique, sur la prétendue donation de Constantin. « Cet empereur excellent apprit d'une révélation céleste que le pape Sylvestre l'avait, à son baptême délivré de la lèpre. Quand il s'établit à Byzance, il prit pour lui l'empire d'Orient et céda au pape Rome, le sénat et tout l'empire d'Occident. Il voulut mettre lui-même sur la tête sa propre couronne, mais Sylvestre refusa, se contentant de porter comme diadème le bonnet royal cerclé d'or (1). » Le pouvoir pontifical est donc tout à la fois de nature spirituelle et temporelle. Innocent III énumère lui-même les attributions de ce double pouvoir. « En vertu de son autorité religieuse le pape nomme les patriarches, les primats, les métropolitains et les évêques ; en vertu de son pouvoir de roi, les sénateurs, les préfets, les juges et les notaires. Comme roi, il porte la tiare, comme évêque général, la mitre. De la mitre, il se sert partout et en tout temps ; de la tiare, il fait un moindre usage, car l'autorité spirituelle est plus ancienne, plus haute et plus étendue que l'autorité royale. Dans le peuple de Dieu le sacerdoce passe avant l'empire (2). »

Cette théorie du pouvoir pontifical, formulée déjà par le pape Grégoire VII, n'était pas, comme nous l'avons vu, une nouveauté, mais on peut dire qu'elle est arrivée, sous Innocent III, à son plus haut degré de précision et d'énergique influence. Il ne faut pas cependant en exagérer l'importance. Il serait, par exemple, excessif de prétendre que les papes du moyen âge voulaient transformer la chrétienté en une monarchie absolue, universelle, dont ils auraient été les chefs. La subordination qu'ils attendaient des princes chrétiens

(1) Innocent III, *Sermon*, pour la fête du pape Sylvestre.
(2) Innocent III, idem.

ne devait pas détruire leur indépendance à l'égard de
leurs sujets. Ils reconnaissaient, en effet, que le monde
est gouverné par deux glaives, l'un temporel et l'autre
spirituel. La papauté pouvait bien retirer aux princes
le glaive temporel, mais elle ne pouvait pas détruire ce
glaive qui est d'institution divine. L'idéal du gouvernement pour les papes du moyen âge, était l'union
intime entre l'Eglise et l'Etat, c'est-à-dire, entre le
Saint-Siège et les chefs des royaumes chrétiens. Voilà
pourquoi la papauté voulait rattacher tous les royaumes
au Saint-Siège par une sorte de lien féodal qui aurait
maintenu leur subordination sans détruire leur indépendance.

Cette théorie de la prédominance pontificale était
d'ailleurs trop conforme aux idées de l'époque pour ne
pas recevoir, au moins en partie, en dépit des théories
contraires proposées par les légistes des rois, la consécration des faits. On concevait mal au moyen âge deux
pouvoirs égaux et indépendants. La hiérarchie féodale
ne pouvait, en effet, se passer de tête ni en avoir deux.
Du pape et de l'empereur, par exemple, l'un devait donc
commander à l'autre. Or, comment dans une société
chrétienne avant tout, comme l'était la société féodale,
n'aurait-on pas proclamé « la supériorité en soi du
pouvoir spirituel et donné le premier rang au gardien-
né de l'unité catholique. » Forts de ce droit, les papes,
à partir de Grégoire VII, furent naturellement portés à
se considérer comme la tête de la hiérarchie féodale.
La papauté qui avait le pouvoir dans le Ciel et sur les
âmes, devait pour eux « dominer la royauté qui n'avait
de puissance que sur la terre et sur les corps ». Les
rois empruntaient ainsi leurs pouvoirs au chef de
l'Eglise « comme la lune emprunte sa lumière au soleil »
et ne possédaient leurs royaumes que comme fiefs qu'ils
tenaient de Dieu.

Il suffit à l'historien de savoir que cette croyance
dominait au moyen âge pour comprendre comment
elle reçut à une certaine époque la consécration des
faits. Il doit laisser au théologien le soin de rechercher
si l'idée de cette haute destination du Pontificat était

conforme ou non à la doctrine de l'Evangile. Il pourrait sans doute éluder toute espèce d'objection contre l'exercice de cette magistrature universelle qui fut le rêve et l'œuvre d'Innocent III en affirmant que « les institutions dont les hommes ont besoin pour les intérêts les plus élevés ne peuvent pas être les mêmes dans tous les temps » (1). Il dirait que l'utilité de ces institutions dépend en partie du crédit qu'elles rencontrent dans le monde et que ce crédit varie avec les époques. Il expliquerait ainsi le fait de cette unité de direction politique du monde chrétien par la Papauté, si opposé à nos théories modernes du pouvoir. Mais le fait est souvent difficile à unir au droit. Il peut même arriver que le fait donne tort à cette chose intangible que nous appelons le droit, qu'il l'amène tout au moins à atténuer ses propres rigueurs, à perdre même sa raison d'être. Le théologien a raison d'admettre que si la domination pontificale, telle que la conçut et voulut la réaliser le puissant génie d'Innocent III, est fondée sur l'idée clairement et pleinement conçue d'un règne universel de Dieu sur la terre, un tel pouvoir sera toujours nécessaire dans la société humaine et chrétienne, comme l'Eglise même dont il forme une partie essentielle. Mais le théologien devra reconnaître, et c'est ce qu'il fait d'ailleurs, que l'exercice de cette magistrature souveraine n'est possible et même légitime que dans une société où règne l'unité de croyance. La conception d'une direction unique étendue à toute la communauté européenne est inséparable de l'idée de chrétienté. Mais celle-ci est elle-même inconciliable avec l'idée de nationalité qui entraîne inévitablement la ruine des pouvoirs universels.

Disons ici toute la vérité. De l'aveu même d'Innocent III, l'exercice de ces pouvoirs universels n'allait pas pour la Papauté elle-même sans de sérieux inconvénients à l'endroit de ses fonctions spirituelles. Quoi de plus absorbant que ce rôle de pape souverain juge des affaires de ce monde, quoi de plus écrasant que cet

____

(1) Hurter. Introduction.

autre rôle de pape suzerain des rois ! Innocent III ne cessait de s'en plaindre : « Je suis, écrivait-il, englouti tout entier dans l'abîme de mes occupations multiples et des soucis que me cause le gouvernement du monde. Cela est au-dessus des forces humaines. » « Enveloppé, écrit-il encore, dans l'infini réseau des affaires, je suis tellement partagé que je me trouve forcément inférieur à chacune de mes tâches. On ne me laisse pas le temps de méditer, à peine celui de respirer. En proie aux intérêts d'autrui, je ne m'appartiens plus à moi-même. Cependant pour ne pas négliger tout à fait le soin des choses de Dieu, pour qu'on ne dise pas que je me laisse accaparer par les affaires terrestres dont m'accable le malheur des temps, j'ai rédigé ces quelques sermons. »

« Aveu significatif, » observe fort justement M. Luchaire. Innocent III reconnaît qu'il est obligé de délaisser le spirituel pour le temporel et il en rejette la faute sur le malheur des temps qui l'emporte malgré lui dans le tourbillon du siècle. Ces scrupules révélaient le fond sincèrement religieux de son âme. Mais ils n'étaient pas de nature à détourner une volonté aussi résolue que la sienne de la haute mission dont il avait accepté la tâche « pour la gloire de Dieu, pour le profit de l'Eglise et le bonheur de tout le peuple chrétien ». Cette mission était double : dans le domaine de la politique temporelle Innocent III se proposa de réintégrer le Saint-Siège dans ceux de ses droits qui avaient été usurpés et de restituer ainsi à l'Eglise romaine en Italie, en Allemagne et en Europe l'ascendant que lui avait perdre la faiblesse de ses prédécesseurs. Dans l'ordre de l'action religieuse, il voulut achever la réforme de l'Eglise en reprenant l'œuvre avortée de la croisade, en réprimant l'hérésie et en donnant à la papauté son maximum de développement. Ses premiers actes devaient révéler « une décision et une vigueur dont la papauté semblait avoir perdu l'habitude ».

CHAPITRE III

Le rôle politique d'Innocent III :
L'apogée du pouvoir temporel des papes.

Innocent III pensait comme Grégoire VII que la
« liberté ecclésiastique » n'est bien assurée que là « où
l'Eglise romaine jouit d'un plein pouvoir aussi bien dans
les choses temporelles que dans les choses spirituelles ».
L'omnipotence pontificale était donc à ses yeux le grand
moyen d'assurer cette liberté. Mais l'action même de la
Papauté, comme elle était conçue au moyen âge, exigeait que la papauté eût une capitale et un Etat. Forts
de cette conviction qu'une souveraineté temporelle était
une sérieuse garantie d'indépendance pour l'Eglise, les
papes du moyen âge avaient toujours eu à cœur de conserver intact ou même d'agrandir le patrimoine de
saint Pierre. C'est de ce côté que portèrent les premiers
efforts d'Innocent III. Il devait y travailler pendant dix
ans à rétablir l'autorité du Saint-Siége ébranlée sous ses
prédécesseurs.

Ce long travail de restauration politique explique
suffisamment les difficultés de l'entreprise. Il ne faut
rien exagérer. Innocent III avait pris le pouvoir au
moment où l'Allemagne divisée par le schisme impérial
de 1198 ne se trouvait plus en état de maintenir sa domination sur Rome et l'Italie. Mais la commune de Rome
était toujours un grand obstacle au paisible exercice de
l'autorité pontificale. « Qu'on se représente toutes les
ruines antiques accommodées en citadelles, les églises
et les monastères ceints de murs et crénelés, les mai-
sons des nobles et des hauts bourgeois flanqués de ces
tours carrées en briques qui symbolisaient alors la force.
Tel était, dit M. Luchaire, l'aspect de la Rome d'Innocent III. » Hérissée de plus de deux cents donjons (à
peine en reste-t-il aujourd'hui trois ou quatre) elle devait
ressembler en grand à cette merveille de la Toscane,

San Gimignano aux treize tours. Au dedans une multitude turbulente ; le bas peuple qui vivait d'aumônes ; des marchands et des banquiers exploiteurs du pèlerin ; des nobles d'humeur sauvage, ayant maison forte dans la ville et château dans les montagnes voisines. Ce peuple romain n'était pas beaucoup changé, depuis la fameuse invective de saint Bernard : « Race inquiète, factieuse, intraitable, respectueuse de l'autorité quand elle sait ne pouvoir la mettre à bas. Elle est impie envers Dieu, irrévérencieuse des choses saintes, sans cesse en proie aux séditions, jalouse de ses voisines, féroce pour l'étranger, toujours de grands mots à la bouche, mais comme ses actes sont petits (1) ! »

Le pouvoir pontifical se heurtait donc, à Rome, à deux pouvoirs rivaux, le pouvoir impérial représenté par le préfet de Rome et facile à soustraire à la domination des Césars, le pouvoir municipal qui depuis le dixième siècle, personnifiait l'insurrection. Dès le mois qui suivit son élection, Innocent III transformait le préfet de la ville, de fonctionnaire impérial qu'il était sous Henri VII, en fonctionnaire pontifical. Il sut l'astreindre au serment de fidélité et lui donna l'investiture, non par l'épée, comme faisait l'empereur, mais par le manteau. La même année il s'attaquait à la commune.

Le premier contact avec le peuple fit mal augurer des efforts d'Innocent III. Son biographe nous a laissé le récit des tribulations réservées à son héros, dans cette Rome « favorable aux passions farouches ». « Dieu, dit-il, permit pour exercer sa patience qu'il restât parmi ses concitoyens comme une statue exposée aux injures et aux flèches des passants. » Celui qui devait porter à son apogée le pouvoir pontifical dut se résigner, à l'exemple de ses prédécesseurs, à quitter son palais et sa capitale (1203). Mais les rivalités de partis qui avaient obligé Innocent III à installer sa cour à Anagni amenèrent bientôt les belligérants à solliciter son retour à Rome « pour le bien de la paix ». Le gouvernement de la ville fut réorganisé, Rome eut à sa tête un chef

_____

(1) A. LUCHAIRE, *Innocent III, Rome et l'Italie.*

unique : le sénateur, *summus senator,* mais Innocent III obtint le droit de le nommer. On maintint ses pouvoirs à la municipalité, mais elle devait les exercer sous la suprématie pontificale. Sans toucher en apparence à la constitution que s'étaient donnée les Romains, Innocent III avait su mettre la haute main à leur gouvernement. Capocci, le chef de la faction intransigeante, avait très bien vu les conséquences de cet accord entre la papauté et la ville rebelle. Accepter ce règlement, c'était, disait-il, pour le parti de la liberté communale, une abdication. En réalité le peuple romain avait passé par où le pape avait voulu. Il y eut sans doute d'autres tentatives de résistance jusqu'en 1208, mais ces troubles n'eurent pas de suite.

Si la victoire resta à la papauté c'est que le peuple romain ne pouvait se passer d'elle. C'est le pape qui faisait vivre le peuple romain, il fallait bien reconnaître son autorité. En fait la commune de Rome renonça peu à peu à la liberté orageuse en retour de la paix et de l'ordre que sut lui procurer un maître qui « avait l'esprit dominateur et la main généreuse ».

Une fois assuré de l'obéissance des Romains, Innocent III porta son attention sur les provinces de l'Italie centrale occupées par les Impériaux. L'intérêt supérieur du Saint-Siège exigeait que le pape affranchît la péninsule de la domination étrangère. L'Italie de cette époque n'était pas sans doute une nation, mais seulement une collection de cités qui ne voyaient guère dans l'émancipation qu'un accroissement de profits, un moyen de mettre la main sur les propriétés de l'Empire. L'affranchissement de la domination allemande n'en restait pas moins une cause populaire. C'était, comme l'observait Innocent III lui-même, une protestation contre les méfaits d'une « race brutale » dont l'Italie « ne connaissait pas la langue ». « Pas un seul d'entre vous, écrivait-il aux Capouans qui n'ait été sa victime. » En se présentant comme le libérateur de ses compatriotes, le champion de l'Indépendance de l'Italie entière, Innocent III ne pouvait qu'accroître le prestige du Saint-Siège. Il trouvait surtout, dans cette lutte, l'occasion de réunir tous les territoires successivement distraits des Etats de l'Eglise et même de les étendre.

Les circonstances semblaient d'ailleurs faciliter le succès de cette entreprise du pouvoir pontifical. Les populations de l'Italie centrale enhardies par la mort de Henri VI, s'étaient partout insurgées contre la domination allemande. Profitant de ces dispositions Innocent III envoie des cardinaux parcourir les pays formant le patrimoine de saint Pierre (1) et les villes de Toscane pour y soutenir la révolte, pendant que lui-même se rend à cette intention dans le duché de Spolète. Le duc de Toscane, Philippe, auquel Henri peu de temps avant sa mort avait conféré le duché de Souabe, était alors retourné en Allemagne. Repoussés par l'effort armé des populations, menacés ou frappés d'excommunication par les délégués pontificaux, le sénéchal Markwald d'Anweiler et les autres princes allemands abandonnèrent les domaines du Saint-Siège dont ils s'étaient emparés et qui furent replacés dans la dépendance du pape. A l'imitation des cités lombardes, les villes de la Toscane, telles que Florence, Lucques, Sienne, Arezzo, Prato s'étaient liguées entre elles pour se défendre contre les Impériaux. Sans se soumettre à la suzeraineté qu'en vertu du legs de la comtesse Mathilde Innocent eût voulu leur imposer, elles conclurent du moins une intime alliance avec l'Eglise romaine et s'engagèrent à ne reconnaître ni duc, ni empereur, sans son assentiment. De leur côté, les communes lombardes renouvelèrent plus étroitement la ligue qu'elles avaient formée sur la fin du pontificat de Célestin III (2), et, en moins d'une année, la puissance impériale se trouva comme anéantie au centre et au nord de l'Italie (3).

Mais si l'Allemagne n'était plus à craindre dans cette partie de la péninsule, les guerres de cité à cité

(1) Le patrimoine de saint Pierre, au temps d'Innocent III, s'étendait entre la Toscane et le royaume de Naples, de Radifocani à Ceprano.

(2) Fin mai 1198.

(3) Voyez F. ROCQUAIN, *La cour de Rome et l'esprit de réforme avant Luther*, livre V.

s'y opposaient toujours au rétablissement de l'ordre et la paix.

Dans ce chaos en effervescence, au milieu de ces convulsions perpétuelles de l'Italie municipale la papauté ne peut avoir d'autre rôle que de travailler à faire prévaloir son idéal pacificateur. Offrir à ces partis et à ces villes ennemies la médiation de l'Eglise, empêcher l'effusion du sang, rétablir l'ordre, telle sera la tâche d'Innocent III. Malheureusement la Papauté n'était plus en état de dominer la situation.

La force matérielle lui faisait d'abord défaut. Souverain dans l'Etat de saint Pierre, le Pape n'était en Italie qu'un seigneur italien. Il représentait, il est vrai, la plus grande puissance morale de l'Europe chrétienne, il pouvait sévir contre les villes rebelles à ses ordres, priver les chefs de parti des secours de la religion, épuiser contre les coupables tout l'arsenal des armes spirituelles. Mais ces armes « émoussées par la fréquence même des châtiments n'effrayaient plus ». Un vent d'anticléricalisme soufflait d'ailleurs sur l'Italie où l'esprit municipal tendait presque partout à s'identifier avec l'esprit laïque et partant à rejeter l'autorité du chef religieux.

On faisait donc la guerre à l'évêque, au clergé. La papauté multipliait les excommunications, les villes y répondaient, comme Modène, Mantoue, Ferrare, Padoue, en s'appropriant les biens d'Eglise ou comme Alexandrie en se donnant comme « recteur » un interdit suspect d'hérésie. Et les villes continuaient à se battre, parce qu'il manquait encore à la Papauté « le bras séculier qui aurait exécuté ses arrêts » (1).

Innocent III réussit du moins à établir l'autorité du Saint-Siège sur un royaume dont la suzeraineté assurée à la Papauté devait lui permettre d'étendre son influence sur toute la péninsule et garantir l'indépendance du pouvoir pontifical contre les entreprises de la domination allemande.

(1) Voyez, A. LUCHAIRE, ouvrage déjà cité, chap. III : « Le patrimoine, l'Italie centrale et les Ligues. »

Il y avait en Sicile, à l'avènement d'Innocent III, une minorité et une régence, un enfant de trois ans, Frédéric, l'héritier de l'empereur Henri IV, sa mère Constance, normande d'origine, qui détestait les Allemands et avait chargé le Pape de la tutelle de son jeune fils. On pense bien qu'Innocent III si jaloux de garder et d'accroître les prérogatives du Saint-Siège devait tirer parti de cette situation.

Il n'avait pas oublié que, depuis Nicolas II, les papes avaient toujours conservé en droit et souvent exercé en fait leur autorité de suzerains sur le royaume sicilien et sur la grande île voisine. L'annexion de la Sicile par Henri VI n'était aux yeux d'Innocent III qu'une violente usurpation et il ne cessera d'ailleurs de répéter dans ses lettres que ce royaume « est de droit le domaine et le bien propre de l'Église de Rome. *Regnum Siciliæ ad jus et proprietatem ecclesiæ Romanæ pertinet.* » L'occasion ne pouvait être plus propice pour obtenir la reconnaissance de la suzeraineté du Saint-Siège. Indépendamment de la légitimité du droit pontifical, le titre de tuteur offert à Innocent III lui conférait les mêmes avantages que l'héritier du fief. D'après la loi féodale, le tuteur était en tout et pour tout substitué à son pupille. La protection accordée à Frédéric avait donc pour conséquence la prise de possession immédiate du royaume de Pouille et de Sicile et si cet Etat, vassal du Saint-Siège, devenait un fief soumis et obéissant, il devait être en même temps une source de profits réels. Mais cet avantage exigeait que le royaume, de fondation normande, ne fût en aucun cas réuni à l'Allemagne. Le Saint-Siège devait donc empêcher avant tout que la même famille, le même souverain pussent régner à la fois sur les Deux-Siciles et sur l'Empire : c'en était fait, dans ce cas, de l'indépendance italienne et du Saint-Siège, pressés au nord et au sud, infailliblement écrasés. La papauté trouvait enfin dans cette tutelle, l'occasion d'affermir son autorité religieuse dans ce royaume dont elle revendiquait la suzeraineté.

Innocent III avait compris tout le parti qu'il pouvait tirer de ces circonstances on ne peut plus favorables aux intérêts du Saint-Siège. Il avait son programme nettement arrêté, celui que commandait la situation. Il ne consentit à se déclarer le protecteur du petit-fils de Frédéric Barberousse que si la veuve de Henri VI reconnaissait solennellement la suzeraineté pontificale du royaume de Sicile. Constance dut encore renoncer pour son fils à l'Allemagne et à l'Empire. Elle renonça également aux articles du traité de Bénévent qui limitaient dans ses Etats les libertés de l'Eglise et les droits du Saint-Siège.

L'impératrice Constance avait donc accepté toutes les conditions du pape et la bulle d'investiture allait lui être transmise, quand une circonstance vint accroître l'autorité d'Innocent III au delà même de son attente. Le 20 novembre 1198, Constance mourait à Palerme, laissant un testament par lequel elle instituait le chef de l'Eglise tuteur de Frédéric et régent du royaume. Ce testament était une seconde victoire pour la papauté. Innocent III envoya à Palerme un cardinal chargé de prendre en main la tutelle du fils de Constance et de recevoir les serments de fidélité qu'on lui devait à titre de régent. Le tuteur pontifical devait consciencieusement protéger son pupille. On vit Innocent III lutter avec énergie contre Markwald d'Anweiler, qui passé dans le sud voulut y devenir roi, puis agir avec la dernière vigueur, lorsqu'Othon voulut dépouiller Frédéric de ses Etats. Il avait empêché l'envahisseur de l'Italie d'arriver jusqu'en Sicile, en soulevant derrière lui toute l'Allemagne.

Une lettre datée de 1207 et adressée par Innocent III à son pupille permet d'apprécier les services que personnellement il avait rendus au jeune Frédéric. « Que de fois, lui écrivait-il, nous avons pour te défendre passé des nuits sans sommeil et converti le déjeuner en dîner ! Que de moments consumés en réflexions solitaires ou en conférences sur les moyens utiles de pacifier ton héritage. Sur tous les chemins du monde ce ne sont qu'allées et venues de nos messagers, porteurs de lettres relatives à ton royaume. Pour toi, nos notaires ont fatigué leurs plumes et nos scribes épuisé leurs encriers. Une multitude d'hommes venus à nous de tous les points de l'univers se sont plaints de voir leurs affaires retardées ou laissées sans solution, parce que notre temps était pris par les tiennes. Parlerai-je des sacrifices d'argent, fréquents et considérables, que nous avons faits en vue de tes intérêts ? Nous n'avons pas épargné plus que nous nos cardinaux et nos parents, tous ont peiné à ton service. Mais il ne faut pas s'en plaindre : jamais travail n'aura été plus utile et plus fructueux. »

Mais l'entreprise de l'Empereur Othon sur les Deux-Siciles montrait en même temps que les événements étaient plus forts que tous les calculs d'Innocent III. A la mort de l'Empereur Henri VI, l'empire était tombé dans l'anarchie, la vieille rivalité des Guelfes et des Gibelins avait amené l'élection de deux empereurs : Philippe de Souabe, frère du souverain défunt, fut couronné à Mayence, le 8 septembre 1198, mais le Welf Otto de Brunswick avait déjà reçu la couronne impériale à Aix-la-Chapelle, le 12 juillet de la même année. De cette double élection était sortie la guerre civile.

A la vérité les forces ne semblaient pas égales entre les deux compétiteurs. Philippe de Souabe avait pour lui les riches et vastes domaines des Hohenstaufen, l'appui de la plupart des princes et des évêques de l'Empire, l'alliance de Philippe-Auguste ennemi lui-même du roi d'Angleterre ; Othon, qui ne possédait guère en Allemagne que son duché de Brunswick, n'était soutenu que par son oncle Richard Cœur de Lion et par un petit nombre de partisans. Sentant son infériorité, le duc de Brunswick, aussitôt après son couronnement, avait envoyé des députés au pape l'assurer de son dévouement et lui demander de le soutenir contre son rival, « moins, disait-il, pour ses propres mérites que parce que Philippe était un excommunié, un ennemi de l'Eglise ». En retour Othon jurait qu'il maintiendrait « les possessions, honneurs et droits de l'Eglise romaine », et dans ces possessions était compris le fameux héritage de Mathilde. De son côté Philippe de Souabe avait envoyé une ambassade à Innocent pour se concerter avec lui sur les affaires de l'Empire (1), et ses partisans avaient en même temps, dans une lettre hautaine, annoncé au pape que leur maître viendrait sous peu à Rome pour y ceindre le diadème (2). Pris en quelque sorte pour arbitre du différend, Innocent avait choisi Othon à l'exclusion de Philippe, mais il s'était épuisé en vains efforts pour faire triompher son candidat. Othon avait été battu près de Cologne et le frère de Frédéric Barberousse allait triompher de la papauté contrainte de le reconnaître, lorsqu'il fut assassiné à Bamberg par un Bavarois, Othon de Wittelsbach. Ce coup désorganisa le parti des Hohenstaufen et Othon de Brunswick fut reconnu empereur à peu près par toute l'Allemagne.

Cet avènement d'un Guelfe à l'empire s'offrait comme un triomphe pour la papauté, ce n'était en réalité que l'apparence de la victoire. En devenant empereur, l'allié du Saint-Siège devint naturellement son ennemi. Entre la papauté et l'Empire la situation était telle que nulle union ne devait subsister. On pourrait dire qu'en prenant la couronne impériale un Guelfe même devenait Gibelin. La rupture d'Innocent et d'Othon se produisit aussitôt. A peine couronné, le nouvel empereur oubliait ses promesses et ses serments. Il occupait les domaines de la comtesse Mathilde et cherchait à dépouiller le jeune Frédéric de ses états. Innocent III se plaignit amèrement de cette ingratitude. « Voici qu'à cette heure, écrivait-il, beaucoup m'insultent : ils disent que j'ai mérité ce dont je souffre, que j'ai forgé de mes mains le glaive qui me blesse si cruellement. Que le Très-Haut leur réponde pour moi, lui qui sait la pureté de mon âme et qui a dit un jour de lui-même : « Je me repens d'avoir fait l'homme... »

Ce sont ces événements qui devaient amener Innocent III à renoncer pour ainsi dire au programme politique qui lui défendait de laisser le même homme devenir à la fois roi de Sicile et empereur. On allait voir en

(1) Pro negotiis imperii, *Reg. imp.*, cp. 17.
(2) *Reg. imper.*, cp. 14.

effet le pape lui-même opposer Frédéric II à son ancien protégé Othon IV, faire de son protégé un roi des Romains et travailler à lui assurer l'héritage allemand de Henri VI ! Othon avait été excommunié à son tour. Il fallait lui opposer un candidat. Or, un seul pouvait rallier la féodalité allemande ; c'était le rejeton de la glorieuse famille dont l'Allemagne avait gardé le souvenir, Frédéric de Hohenstaufen. Certes, le jeune souverain est de ceux dont il faut redouter l'indomptable caractère. « Très jaloux de sa liberté, au dire d'un contemporain, il n'aime pas qu'on l'entoure, repousse toute tutelle, ne voulant pas qu'on le prenne pour un enfant, mais pour un roi. Innocent III n'ignorait pas les goûts d'indépendance de son pupille, aussi n'avait-il risqué le présent qu'en engageant l'avenir. Il avait lié le futur empereur par de solennels engagements ; liberté des élections ecclésiastiques, cession des biens allodiaux de la comtesse Mathilde, reconnaissance et extension de l'entière souveraineté du pape sur le patrimoine de saint Pierre, voilà ce que le pape avait fait jurer à Frédéric avant de le lancer en Allemagne, voilà ce qu'il lui avait fait jurer encore quand son succès s'affirma à la diète d'Egra (1213). Et lorsque la bataille de Bouvines a assuré le triomphe du jeune prince (1214), lorsque celui-ci est couronné à Aix-la-Chapelle (1215), Innocent exige deux nouveaux engagements significatifs : l'empereur ne gardera pas le titre de roi des Deux-Siciles, il le cédera à son fils qui vient de naître ; donc ce royaume restera sous la tutelle du Saint-Siège, Frédéric promet en outre de faire une croisade. Le Saint-Siège le tient par ce vœu et pourra l'éloigner s'il devient dangereux, le frapper d'anathème s'il refuse de partir.

Innocent III revenait ainsi au programme politique que les événements l'avaient contraint d'abandonner. L'Empire restait dans ses calculs à la dévotion de la papauté. « Ce grand manieur d'hommes » avait tout combiné, ce semble, pour éviter la fusion de la Sicile avec l'Allemagne. Il dut d'ailleurs au hasard des circonstances de vivre en paix avec le jeune souverain

qu'il avait couronné empereur. Mais il avait fait, malgré lui la fortune d'un homme qui allait « devenir à
son heure le plus redoutable ennemi de l'Eglise et des
papes ». La sagesse et le génie d'Innocent III ne pouvaient prévaloir contre la force impitoyable des choses,
c'est-à-dire concilier l'idéal pacificateur de la papauté
avec l'idéal politique dont les pontifes romains étaient
devenus les représentants. « Après lui, dit M. Luchaire,
le déchaînement de passions et de guerres que soulè-
vent, depuis près de deux siècles, le conflit du sacerdoce et de l'Empire redoublera de violence et ne finira
que par l'épuisement et la ruine totale des combattants. »

*
* *

Le pontificat d'Innocent III devait du moins fournir
le modèle parfait de ce pouvoir universel qu'impliquait
l'idée même de chrétienté et qui fut l'idéal historique
du moyen âge. Un moment fut réalisée dans sa lumineuse splendeur la conception du gouvernement de
l'Europe chrétienne par la papauté ; un moment le
pontife romain fut vraiment « le battement du cœur de
l'humanité européenne », la source de vie qui circule
dans toutes les parties du corps chrétien.

En Allemagne, Innocent III, avait été l'arbitre de la
lutte qui se livra autour du trône entre Guelfes et
Gibelins, il avait déclaré que celui qui consacrait l'Empereur avait le droit de disposer de la couronne
impériale, il avait rappelé aux électeurs qu'ils tenaient
de la papauté le privilège d'élire le roi des Romains
ainsi désigné pour l'empire. Et les événements avaient
justifié avec éclat ces hautes prétentions du pontificat.
D'autre part, c'est sous Innocent III que la domination
pontificale sur les rois prit sa plus grande extension.
Le pape fut véritablement aux yeux du monde chrétien
le suzerain et le souverain juge des rois chrétiens.

Le droit de lier et de délier mettait d'abord aux
pieds du souverain pontife le pénitent comme le dernier
des vilains. En Angleterre, le roi Jean sans Terre
ayant refusé de ratifier le choix du cardinal Etienne

Langlois qu'Innocent III avait lui-même nommé au siège de Canterbury, l'interdit fut jeté sur l'Angleterre. Le roi voulut passer outre, il fut excommunié et déposé. Non seulement le pape déclara Jean sans Terre déchu de ses droits, mais il proposa sa couronne à Philippe-Auguste. Le prince anathématisé ne put sauver sa couronne qu'en offrant son royaume d'Angleterre et d'Irlande à l'Eglise romaine pour le recevoir ensuite d'elle en fief, *tanquam feudatorius*. L'énergique Philippe-Auguste dut compter lui-même avec Innocent III, quand il eut répudié Ingeburge de Danemark pour épouser Agnès de Méranie. L'excommunication et l'interdit jeté sur son royaume contraignirent le puissant monarque au respect du mariage chrétien.

Avec son autorité de pontife Innocent III voulut mettre toutes ses lumières de juriste au service du droit. On le vit « passer une grande partie de sa vie à compulser des dossiers judiciaires, à entendre les plaidoiries, à prononcer des arrêts. Peu d'hommes d'Etat se sont montrés aussi laborieux, aussi soucieux d'exercer équitablement leur pouvoir de juge ou d'arbitre. On a peine à comprendre l'extraordinaire activité de ce Pape qui, outre le poids de ses autres fonctions, a porté encore, sans faiblir, pendant dix-huit ans, cette charge véritablement écrasante : la présidence d'un tribunal où tout l'univers venait plaider (1). »

Dans ces conditions la grande intelligence d'Innocent III devait nécessairement rester ouverte sur la politique du monde entier. La suzeraineté pontificale fut la forme sous laquelle s'exerça tout particulièrement son autorité sur les pays chrétiens. Les Deux-Siciles, la Suède, le Danemark, s'étaient déjà placés dans les liens du vasselage pontifical : d'autres royaumes s'y mirent alors. Le roi Sancho de Portugal renouvela l'engagement qu'avait pris à ce sujet, en 1144, son prédécesseur Alphonse Ier, et paya tribut au Souverain Pontife. Le roi Pèdre d'Aragon fit de même en 1204 : il déposa sur le maître-autel de Saint-Pierre, à Rome, sa

______

(1) LUCHAIRE.

couronne, qu'Innocent III lui remit sur la tête, afin qu'il la tînt désormais du Saint-Siège envers lequel il dut acquitter une redevance annuelle. En 1027, la Pologne se soumit à cette suzeraineté. De même plusieurs princes d'Orient se rapprochèrent de la papauté ; et le roi d'Arménie, le roi de Bulgarie, Stéphane, Némunya, grand-joupan de Serbie, voulurent réconcilier leurs Etats avec l'Eglise latine.

L'unité monarchique de direction religieuse avait donc abouti à l'unité de direction politique du monde chrétien. « Une autorité établie sur un fondement moral et sur la croyance que Dieu gouverne directement les affaires humaines (1) », employait son pouvoir à défendre les intérêts les plus élevés de l'Eglise et de la société, voilà ce que représentait dans sa plus large acception la tutelle du Vicaire de Jésus-Christ sur les peuples et sur les rois. Le pape était l'arbitre souverain auquel tous pouvaient recourir dans les conflits qui nécessitaient l'intervention d'une justice supérieure. « A une époque, dit Lingard, où toutes les notions de justice se modelaient sur la jurisprudence féodale, il fut bientôt reçu que les princes, par leur désobéissance, devenaient traîtres à Dieu ; que, comme traîtres, ils devaient perdre leurs royaumes, fiefs qu'ils tenaient de Dieu, et qu'il appartenait au Pontife, vice-régent du Christ sur la terre, de prononcer ces sortes de sentences (2) ».

A cette époque encore, il n'existait rien de dégradant dans l'état de vasselage ; c'était la condition de la plupart des princes de la chrétienté (3). « Le roi d'Ecosse même était vassal du roi d'Angleterre et le roi d'Angleterre vassal du roi de France. »

Ce rôle de suzerain des rois et de souverain juge des affaires de ce monde réalisait en somme la plus haute conception de gouvernement ; il représentait dans la pratique un pouvoir éminemment salutaire. Le rêve de la paix universelle, si cher aux hommes de notre géné-

(1) Hurter, ouvrage déjà cité.
(2) *Hist. d'Anglet.*, t. III, note de la page 40.
(3) Lingard, idem.

ration, fut le rêve d'Innocent III. Ce grand pontife s'appelait lui-même « le représentant du Conciliateur suprême des hommes », et ce n'était pas de sa part « une vaine parade de mots ». Mais seul un pouvoir assez haut placé pour examiner et accommoder les différends entre les pays et les peuples et assez puissant pour faire marcher toutes les forces de la chrétienté contre l'Etat qui ne voudrait pas respecter les sentences d'un arbitrage souverain, seul un pouvoir de cette nature était capable d'assurer au monde chrétien le bienfait de la paix universelle, si cette paix n'avait pas été une chimère (1).

Il faut pourtant reconnaître que l'heure même qui marque sous Innocent III l'apogée de la magistrature universelle sonna en même temps son déclin. L'exercice des pouvoirs universels rencontrait en effet trop d'inconvénients dans la sphère de l'action religieuse et trop d'obstacles dans le domaine de l'action politique pour garder le prestige qui était la condition de sa force et de sa durée. Les âmes pieuses gémissaient de voir la papauté si occupée d'intérêts tout temporels. Il semblait que le souverain eût effacé l'évêque et que César eût pris la place du successeur de l'Apôtre. Un prêtre français, Jacques de Vitry, qui avait vu de près la curie romaine lors d'un voyage en Terre Sainte écrivait : « J'y trouvais beaucoup de choses qui choquaient mon esprit. On était si occupé d'affaires séculières et temporelles, de rois, de royaumes, de procès, qu'il était à peine permis d'y parler de choses spirituelles (2). »

Les prétentions de la papauté à la direction politique du monde chrétien suscitaient d'ailleurs de très vives résistances. Nous voyons, il est vrai, des rois s'incliner devant Innocent III, mais ce sont des rois faibles ou qui ont besoin du pape. Tout autre est la conduite de celui en qui se personnifie, à cette époque, le principe de la puissance royale, de l'énergique Philippe-Auguste. S'il

(1) Rappelons que déjà, à cette époque le prieur Geroho de Raitenpuch avait fondé sur l'arbitrage pontifical tout un plan de paix universelle, devançant ainsi les pacifistes du xx° siècle.

(2) Lettre inédite de Jacques de Vitry, dans les *Mém. de l'Acad. de Belgique*, t. XXIII, in-4°, 1849.

cède au pape dans son essai de divorce, il répond d'un ton hautain et résolu à Innocent III, dans les occasions où la politique seule est en jeu. Il lui écrit au sujet de ses démêlés avec Jean sans Terre : « En ce qui concerne mes rapports avec nos vassaux, je ne suis point obligé d'obéir aux ordres du Saint-Siège ni ne relève de son jugement, et Votre Sainteté n'a rien à voir dans une affaire qui se passe entre nous. »

D'ailleurs ce qui était « glorieux » aux yeux du pape commençait à être un opprobre aux yeux des peuples.

En Angleterre, la royauté s'humilie devant Innocent III, mais ce triomphe est pire peut-être qu'une défaite. L'Angleterre ne pardonna pas à la papauté l'humiliation infligée à son roi. Elle ne lui pardonnera pas davantage son intervention dans la lutte qui met aux prises la nation et son souverain, à l'occasion de la Grande Charte. Pour avoir défendu un souverain indigne et qui ne s'inclinait devant la papauté que par intérêt, la papauté s'aliéna un peuple extrêmement jaloux de ses libertés nationales. De même, en luttant contre les empereurs, en intervenant sans cesse dans les affaires intérieures de l'Allemagne, Innocent III irrita le sentiment national allemand. Par cela seul qu'Othon avait dû la couronne à la protection de l'Eglise romaine, on l'avait nommé par dérision le *roi des prêtres*. On qualifia de même au début Frédéric II. La célèbre querelle du sacerdoce et de l'Empire sera le point de départ de quelques-uns de ces griefs d'où sortira plus tard la Réforme luthérienne. Les intentions d'Innocent III étaient droites. Il parut malheureusement que la papauté se fut arrogé les deux glaives, le glaive temporel aussi bien que le spirituel. Du reste, tandis qu'il revendiquait l'empire du monde et le gouvernement des Etats, Innocent fut sans cesse trompé par la passion de ceux qu'il voulait diriger, et il vit ceux qu'il protégeait se retourner contre lui, méconnaître ses conseils ou commettre sous son nom les pires excès. Tant il est vrai que l'Eglise doit borner son rôle, comme dit saint Bernard, « à exercer un ministère moral, non un pouvoir. C'est une mère, non une reine. »

CHAPITRE IV

L'œuvre de restauration religieuse d'Innocent III.
L'apogée du pouvoir spirituel des papes.

En posant sur le front des rois la sandale de saint Pierre, Innocent III semblait avoir fondé la papauté sur d'inébranlables assises ; il avait étendu au monde entier l'action de l'Eglise romaine. Ses réformes religieuses devaient achever le triomphe de la puissance pontificale et montrer en même temps que leur auteur était de ces hommes apostoliques qui font passer avant tous les autres intérêts les intérêts de la foi et des âmes. Il ne voulut d'ailleurs imposer l'autorité du Saint-Siège sur les peuples chrétiens que pour travailler plus librement à affermir la puissance spirituelle de l'Eglise. Au milieu de l'affluence des affaires les plus diverses, la direction du mouvement religieux eut toujours la première place dans la pensée d'Innocent III. « Réformateur comme tous les grands clercs du moyen âge », il ne se contenta pas de défendre l'Eglise au dehors, il s'appliqua encore, à l'intérieur, à extirper les abus qui pouvaient nuire à son perfectionnement et à l'efficacité de son action bienfaisante sur les âmes. Et comme l'Eglise était à ses yeux un royaume qui n'a pas de frontières, il n'est pas étonnant que le zèle d'Innocent III ne connût pas de limites. Il poursuivit en particulier un triple but ; la réforme du clergé régulier et séculier, la répression de l'hérésie, l'organisation de la Croisade pour la délivrance de la Terre Sainte.

*
* *

Innocent avait compris la nécessité de corriger l'Eglise non seulement dans ses membres, mais dans son chef, tâche toujours plus malaisée. « Malheur à moi, disait-il, si je suis un mercenaire, si les devoirs de ma dignité sont en contradiction avec ma conduite, si mes actions diffèrent de mes paroles et que par là je devienne la cause de la perte d'un grand nombre, au lieu de servir pour leur salut (1). » La plénitude du pouvoir qui est en nous, ajoutait-il, nous engage à la prévoyance et par celle-ci à avancer notre perfection. » Aussi voulut-il donner l'exemple d'une vie irréprochable. Convaincu que « le prestige de la papauté, la plus essentiellement spirituelle des souverainetés, n'est nullement lié à de vains simulacres, à l'apparat luxueux, à la pompe éclatante qui environnent habituellement les plus redoutables potentats de ce monde (2), » on vit Innocent III inaugurer son glorieux pontificat en renvoyant la plupart des portiers et des huissiers du palais, surtout de la chancellerie, pour que sa personne et ses bureaux devinssent plus accessibles. « Congédiés également, les fils des nobles qui encombraient la curie, personnel agité et peu édifiant. Puis vinrent les règlements somptuaires. Pour lui comme pour son entourage il aimait la frugalité et la vie simple. Plus de vases d'or et d'argent, des ustensiles en bois et en verre. Plus de fourrures de prix, des peaux d'agneaux. Deux plats seulement à sa table et à celle de son chapelain, sauf les jours de grandes fêtes ou de solennités exceptionnelles ; point de service fait par des nobles, mais seulement quelques clercs qui avaient soin du nécessaire (3).»

Les pamphlets du temps abondaient en invectives et en sarcasmes contre la cupidité de la cour de Rome. Innocent III ne se dissimulait pas la gravité du scandale causé par la vénalité de ce fonctionnarisme d'Eglise. C'était la grande souillure qui avilissait le Siège apostolique. Un des premiers soins d'Innocent III fut de « purifier, avec l'aide de Dieu, l'Eglise romaine de cette peste ». « De toutes nos forces, écrivait-il à l'abbé Etienne de Bologne en 1211, nous détestons et repous-

(1) Dom. II post Pascha, sermo II.
(2) LEON CHAINE. *Les catholiques français et leurs difficultés actuelles.*
(3) Odor, Raynald, ad ann. 1216, cité par LUCHAIRE.

sons ce vice de la vénalité, enfant de l'avarice et père
de tous les crimes. Ce que nous avons reçu gratis nous
voulons le donner aussi gratis. Nous ne souffrirons pas
qu'un pacte, une convention ou une promesse soient
faits à l'occasion des affaires ecclésiastiques. » « Si l'in-
téressé, ajoutait-il, veut faire de bon gré une offrande,
il le peut. Ce n'est pas quelque chose qu'on exige de
force, c'est une contribution volontaire et comme un
acte de dévotion. » Défense fut donc faite à tous les
fonctionnaires du palais de rien exiger des visiteurs et
des plaideurs. Les scribes et les expéditionnaires de la
chancellerie conservèrent seuls le droit de réclamer un
salaire : encore le pape leur imposa-t-il un tarif qu'ils ne
devaient pas dépasser (1).

Ce pontife, que son biographe se plaît à comparer à
Jésus-Christ chassant les vendeurs, proscrivit sévère-
ment la simonie et tous les autres abus qui pouvaient
porter atteinte à la dignité du sacerdoce. Comme son
glorieux prédécesseur Grégoire VII, il usa des dernières
rigueurs contre les ecclésiastiques qui étaient parvenus
aux bénéfices par des moyens condamnables tels que
des dons d'argent ou des conventions inconvenantes.
Pour lui le mérite et le savoir devaient seuls élever au
sacerdoce et particulièrement aux premiers rangs de la
hiérarchie ecclésiastique. Tout ce que le clergé de Rome
entendait dans les sermons d'Innocent III, le clergé de
toute la chrétienté pouvait le lire dans ses lettres : c'était
une exhortation constante à la gravité, à la dignité
morale de la vie (2) ; des avertissements d'éviter toute
contradiction entre la doctrine et la conduite, d'avoir
des mœurs pures, de ne pas souiller le ministère par une

(1) Voyez A. LUCHAIRE.
(2) La réforme religieuse et morale du clergé était pour Innocent III
la condition de la réforme du monde chrétien. « Commencez par
mon sanctuaire, faisait-il dire au Seigneur, car le temps est arrivé
où d'après la sentence de l'apôtre le jugement doit commencer par
la maison de Dieu. Car toute la corruption du peuple provient spécialement du clergé. Quand le prêtre, l'oint, pèche, il fait pécher le
peuple. Quand les laïques le voient commettre des fautes honteuses
et graves, son exemple les entraîne à toutes les horreurs et à tous
les vices ; et quand ils sont blâmés par quelqu'un ils répondent aussitôt : Un fils suit l'exemple de son père et on ne peut exiger autre
chose, si ce n'est que le disciple soit comme le maître. »

basse cupidité. « Combien de prêtres, disait-il un jour,
ont été damnés pour cause d'avarice. Il ajoutait :
« Prenez pour exemple saint Laurent ; il conserva des
trésors dans son église dont la richesse tentait les princes mêmes, mais il ne les garda pas pour lui : il ne les
donna pas à ses parents : mais il les distribua aux
pauvres. Pénétrez-vous de cet exemple, vous qui
employez le bien de Jésus-Christ pour votre propre luxe,
ou qui l'employez d'une manière démesurée à l'enrichis-
sement de vos parents, qui négligez vos pauvres et qui
ne faites pas attention aux indigents (1). »

Le concile de Latran, le dernier grand acte du pontificat d'Innocent III, ajoutera l'ordre au conseil. Un
de ses canons fera défense aux prêtres d'exiger de l'argent même pour les funérailles et les mariages. Les
clercs devront se contenter d'offrandes volontaires.
Comme le clergé séculier, le clergé régulier était porté
au relâchement par l'accroissement de ses richesses.
Lui aussi semblait plus occupé des choses temporelles
que des choses spirituelles. Ce qu'il fallait, au début du
XIIIᵉ siècle pour la régénération de la vie monastique
comme pour la restauration de la société dans les principes de la vraie piété, c'étaient des guides animés
véritablement de l'esprit de l'Evangile, des hommes
pratiquant le mépris complet des biens de ce monde,
vivant d'une vie austère au milieu de leurs frères et
prêchant sans relâche la pénitence et le renoncement
autant par l'exemple que par la parole. Ce fut l'idée
maîtresse qui inspira saint François d'Assise. Ce fut
aussi sous le pontificat d'Innocent III que François com-
mença son ardent et populaire apostolat. On le vit parcourir en mendiant l'Occident et l'Orient, honoré par
les uns, rallié par les autres, exaltant la pauvreté dans
un monde dont l'argent était plus que jamais le Dieu,
invitant tous les hommes à la pénitence, aux joies si
pures du renoncement volontaire.

De ce désintéressement personnel Innocent III donnait
lui-même l'exemple. On peut en juger par sa conduite à

____

(1) *In festo S. Laurentii, sermo I ;* cf. etiam Hurter, t. III, liv. 21.

l'égard de l'évêque d'Hildesheim. Le pape avait permis à ce prélat coupable qui avait fait humblement pénitence de passer à l'Eglise de Wuzbourg. L'évêque crut devoir témoigner sa reconnaissance au souverain pontife en lui envoyant deux vases d'argent magnifiques. Innocent, nous dit son biographe, fut pendant quelque temps indécis s'il les renverrait ou les garderait. Il lui répugnait de refuser, car il craignait que l'évêque ne crût avoir perdu sa bienveillance. Mais pour lui montrer qu'il ne se laissait corrompre par aucun présent il lui envoya en retour une coupe d'un prix bien plus élevé. Innocent III mit d'ailleurs sa gloire à donner toujours sans compter. Il fut véritablement la Providence des pauvres de Rome à l'entretien desquels il consacrait le dixième de ses revenus. Il nourrit pendant une famine jusqu'à huit mille malheureux par jour ; il fit rebâtir et agrandir le grand hôpital du Saint-Esprit et dota richement cette fondation de bénéfices, de revenus et de privilèges. De pauvres jeunes garçons avaient la liberté de se présenter vers la fin de son dîner à sa table, pour en recevoir les restes. A l'exemple du divin Maître, il se plaisait à laver et à baiser les pieds de douze pauvres, ne les renvoyant que rassasiés et après avoir donné à chacun d'eux douze pièces d'argent. Voilà l'homme auquel l'historien anglais Mathieu Paris a osé reprocher une soif insatiable d'argent. Nouveau Mécène, il sut encore encourager et propager tout au moins par ses largesses le mouvement artistique de son temps. La construction ou la réparation des églises devaient surtout profiter des générosités d'Innocent III.

Sa libéralité s'étendait à toutes les églises de l'Etat pontifical. Il se plaisait à les enrichir et à les orner avec un goût exquis, car il appartenait à cette génération de clercs qui possédaient comme un don de nature l'amour des belles choses, « le sens de l'ornementation élégante et du décor harmonieux » (1).

On voit quelle haute idée Innocent III se faisait des fonctions apostoliques et combien était grand son désir

____

(1) A. LUCHAIRE.

d'améliorer le clergé et de le rendre digne de son rôle par l'exemple d'une vie irréprochable. Il ne se préoccupait pas moins de la formation intellectuelle du clergé que de la pureté de ses mœurs. Il s'adressait en ces termes aux évêques et abbés réunis dans les grandes assises du concile de Latran : « Nous devons veiller afin que l'ignorance, la négligence et la concupiscence ne viennent pas nous surprendre. Nous devons principalement nous mettre en garde contre l'ignorance, car c'est principalement notre devoir de contempler d'un œil clair les mystères du royaume de Dieu, lesquels ne sont révélés aux autres que dans les paraboles... Nous devons être la lumière du monde, mais si la lumière est obscurcie en nous combien alors les ténèbres deviendront grandes. Nous devons être le sel de la terre ; mais si le sel devient fade, avec quoi salera-t-on ? Il mérite alors qu'on le jette et qu'on le foule aux·pieds. C'est pourquoi loin de vous l'ignorance. » En conséquence, le concile de Latran invita les évêques à établir des écoles pour l'instruction des clercs et des pauvres écoliers. Cette réforme s'imposait à une époque où les Universités commençaient à s'organiser, le clergé manquait souvent de l'instruction nécessaire pour lutter contre les hérétiques.

Quant au clergé régulier, si l'instruction ne lui manquait pas, son éloignement des villes et son inclination à s'occuper plutôt de liturgie que de théologie ne lui permettaient d'agir que d'une façon exceptionnelle. Il fallait pour combattre l'hérésie des hommes voués par état à l'étude et à la prédication du dogme. Ce fut l'idée maîtresse de saint Dominique. En 1215, il soumettait à Innocent III son projet de fonder une société de prédicateurs qui tout en vivant sous une règle auraient à remplir les mêmes fonctions que les prêtres séculiers. Le pape approuva le projet et soumit le nouvel institut à la règle de saint Augustin. Tandis que l'ordre des Franciscains s'attachait plus particulièrement à restaurer les mœurs, l'ordre des Dominicains s'efforçait de maintenir les croyances.

Les deux ordres avaient en somme le même but : réformer la société laïque : Ils employèrent pour cela les mêmes moyens : renonciation aux biens temporels pour être plus libres de leur temps ; résidence au milieu des villes pour être plus en contact avec les fidèles ; prédication continuelle pour répandre l'instruction religieuse ; et enfin fondation d'un *tiers ordre* pour se créer jusque dans la société elle-même des auxiliaires imprégnés de leur esprit.

Ainsi se manifestait une fois de plus la merveilleuse aptitude de l'Eglise à s'adapter aux besoins du temps, à varier ses moyens d'action avec ces besoins et à fournir aux âmes des guides éclairés et sûrs pour les maintenir à la suite de Celui qui est « la voie, la vérité et la vie ».

Le concile de Latran avait complété cette réformation religieuse par de sages mesures intéressant les ordres monastiques et le culte privé. Les monastères devaient être soumis à une surveillance plus régulière et plus sévère, et pour remédier aux abus d'une trop grande extension, on défendit la création de nouveaux ordres et de nouvelles règles monastiques. Pour ranimer l'esprit de piété dans le monde chrétien, on prescrivit pour tous les fidèles la confession annuelle (1) et la communion pascale.

Cette réforme de l'Eglise dans ses membres et dans son chef était facilitée par le prestige et la puissance d'un pouvoir spirituel arrivé sous Innocent III à son complet épanouissement. Le pape était véritablement le principe directeur de tout le monde chrétien. Un pouvoir aussi étendu ne s'expliquait pas seulement par le travail de centralisation universelle qui s'était accompli dans l'Eglise, sous la puissante main des papes du XIIe siècle, il était dû avant tout à la situation personnelle d'Innocent III et à sa réputation de juriste éminent. Sa correspondance, si incomplète qu'elle nous soit parvenue, contient un grand nombre de réponses aux questions qu'on lui adressait de tous les coins de l'uni-

---

(1) C'est à tort que l'on fait remonter au quatrième concile de Latran l'origine de la confession auriculaire. Le concile ne fit que réglementer cette institution.

vers. « Il résulte de ces lettres, nous dit M. Luchaire, que les évêques des différents pays de l'Europe n'osaient prendre de décision sur des points où leurs propres lumières auraient suffi. Ils recouraient constamment au Pape, même pour des objets sans importance. » On le consultait même sur des points de grammaire. Tel cet évêque qui, au grand étonnement d'Innocent III, lui demandait le sens du mot jachère. Souverain par excellence, au temporel comme au spirituel, le pape était devenu, à la lettre l'oracle universel, « *apostolicum oraculum* » (1). Loin de se dérober aux fatigues de cette fonction particulière, il la revendique et la recherche comme une des obligations de sa charge, qu'il a le plus à cœur de bien remplir. Il félicite ceux qui le consultent d'avoir compris que l'Eglise romaine devait être interrogée sur tous les cas douteux « parce qu'elle est en état d'instruire les fidèles et de leur donner des certitudes ». Ainsi s'affirmait dans la pratique cette notion de l'*infaillibilité pontificale,* dégagée déjà en principe du simple fait de la primauté de l'Eglise romaine aussi bien que des textes du Nouveau Testament. Le temps d'ailleurs était proche où la doctrine de l'infaillibilité pontificale sera nettement enseignée par saint Thomas pour être ensuite implicitement reconnue par le concile de Lyon de 1274 (canon *Majores*). Sans être encore élevée à la hauteur d'une croyance *de fide*, elle deviendra au XIIIe siècle une croyance *prope fidem* dont il sera téméraire de s'écarter. Innocent avait ouvert largement la voie à cet enseignement en affirmant qu'en toutes questions le dernier mot appartenait au pape. « Les opinions que tu as soutenues autrefois, écrivait-il au célèbre docteur de Bologne, Uguccio, évêque de Ferrare, c'est le Saint-Siège qui leur donne leur valeur ou les infirme. Tu auras beau citer des autorités impo-

---

(1) Expression familière à Innocent III. Les consultations les plus nombreuses étaient celles qui avaient trait à des difficultés d'ordre pratique, questions de discipline ecclésiastique, questions matrimoniales. « De sorte que, suivant le mot de M. Luchaire, les deux mondes qui constituaient la chrétienté, celui des clercs et celui des laïques, avaient recours au Latran et faisaient dépendre leur sort de la parole du sage qui y régnait. »

santes, du moment que notre doctrine est contraire à celle que tu as professée jusqu'à présent, tu es tenu de te ranger à notre avis. » Rome se révélait ainsi comme la règle de la doctrine et la source première de la lumière.

*
* *

La réforme de l'Eglise universelle appelait nécessairement la répression de l'hérésie. Le vicaire de Jésus-Christ ne pouvait laisser tomber en pièces la tunique sans couture du Maître divin. A peine élevé sur le siège apostolique, Innocent avait dénoncé l'audace de plus en plus grande avec laquelle l'hérésie levait la tête et il s'était fait une obligation rigoureuse de « mettre une digue aux progrès de cette peste, de protéger contre le danger les âmes confiées à ses fonctions pastorales et de ramener sous l'obéissance de Dieu tous ceux qui se révoltaient contre Dieu ». « Si le pasteur, disait-il, s'abaisse au métier d'un mercenaire qui ne pense pas au troupeau mais seulement à lui-même, qui ne s'enquiert que de la laine et du lait des brebis sans s'opposer aux loups qui les attaquent et sans s'élever comme une muraille contre les ennemis ; s'il prend la fuite au moment du danger, il favorise la perte et la ruine ! » « C'est là, ajoutait-il, le premier remède à apporter, le gardien ne doit pas ressembler aux chiens muets. » Le devoir était net, c'était le maintien dans toute son intégrité de la doctrine chrétienne et partant la résistance ferme aux « gens qui présentaient le venin des serpents dans la coupe d'or de Babele », à ceux qui venaient « bouleverser la vigne du Seigneur » et s'efforçaient « de détruire l'unité de l'Eglise catholique (1). Mais comment ce devoir fut-il accompli ?

On a prétendu que dans ses rapports avec les hérétiques, Innocent III ne connut d'autres moyens de conversion que la violence, le meurtre et la guerre. On l'a rendu responsable de toutes les horreurs de la croisade albigeoise et son nom est devenu inséparable de celui de l'Inquisition. L'histoire impartiale proteste hau-

(1) Voyez Ep., I, II, III, VII.

tement contre cette caricature d'un pape dont l'esprit de tolérance et d'équité inspira toutes les décisions. « Dans l'exercice normal et quotidien de sa magistrature, cet homme, nous dit M. Luchaire, avait le sens droit et les idées larges. Il faut lui savoir gré d'avoir formulé une maxime que certains réformateurs de la justice moderne prendraient volontiers comme devise : la pitié prime la loi. *Misericordia superexaltatur judicio.* » Les actes de son pontificat attestent d'ailleurs qu'on est en présence d'une sagesse supérieure qui sait opposer l'esprit à la lettre, tenir compte des nécessités pratiques et relâcher à propos la sévérité des principes. C'est à la force de la persuasion qu'Innocent III fit avant tout appel pour combattre l'hérésie. « La ligue des hérétiques, disait-il, dans un sermon pour le jour des Cendres (1), doit être détruite par une instruction fidèle, car le Seigneur ne veut pas la mort du pécheur, mais qu'il se convertisse et vive. Ce n'est que par la prédication de la vérité que l'erreur peut être attaquée dans ses bases fondamentales (2). » Mais comme l'exemple confirme toujours admirablement la leçon, Innocent III ne se lassait pas de recommander au clergé une vie vraiment chrétienne. Aussi voulut-il confier tout spécialement à l'Ordre de Cîteaux le soin de ramener les hérétiques dans la communion de l'Eglise, parce que catholiques et dissidents rendaient à ces religieux ce témoignage que leur vie réalisait leurs paroles, et c'est pourquoi « elles pénétraient, disait-il, plus profondément qu'un glaive à deux tranchants » (3).

A cette libre et publique réfutation de l'hérésie par la prédication de la doctrine orthodoxe, Innocent III voulait qu'on joignît la plus grande prudence dans la recherche du crime d'hérésie et la plus grande charité envers ceux qui revenaient de leurs erreurs. Il recom-

(1) *In die cinerum*, Serm. II.

(2) Rapprochons ces paroles d'Innocent III de celles du pape saint Grégoire le Grand, malheureusement trop oubliées : « *Nous sommes pasteurs et non persécuteurs. Prédication inouïe et nouvelle que celle qui impose la foi à coups de verges.* » (Ep. III, 53.)

(3) Ep. VI, 239 ; II, 63 ; VII, 76.

mandait donc avec énergie lorsque quelqu'un était accusé d'hérésie, de faire avant tout une enquête sévère, afin que personne ne fût injustement regardé comme coupable. Il accueillait d'autre part avec empressement ceux qui rentraient « dans le filet de l'Eglise », ne voulant pas qu'on les inquiétât et leur offrant sa protection même contre les évêques quand ceux-ci doutaient de leur sincérité.

Ce n'est que lorsque les moyens de douceur étaient impuissants à ramener les brebis égarées au bercail, ce n'est que pour défendre le troupeau fidèle contre la dent des loups ravisseurs qu'il se décidait à recourir aux mesures de rigueur.

L'appui du bras séculier dans la répression de l'hérésie n'était aux yeux d'Innocent III qu'une mesure extrême non pour imposer la foi, mais pour préserver de la contagion ceux qui avaient suivi le sentier de la vérité. « Le glaive, disait-il, a été confié par le Très-Haut aux puissants pour protéger les pieux et se venger des malfaiteurs ; la sévérité ne peut jamais être employée plus convenablement qu'envers ceux qui veulent arracher aux autres non l'existence temporelle, mais avec la foi la vie spirituelle. » Et c'est conformément à ces principes que le concile d'Avignon déclara, en 1209, qu'un évêque doit faire jurer aux comtes, aux châtelains, aux chevaliers et à tout le monde l'engagement d'exterminer les hérétiques exclus de l'Eglise. Ennemi des excès de zèle et trop convaincu du danger que peut faire courir à la plus juste des causes la brutale intervention des sectaires et des fanatiques, Innocent III ne se lassait pas de donner à ses légats comme à ses évêques des leçons de pondération et de justice, lorsqu'il s'agissait de redresser par la sévérité ceux qui ne voulaient pas céder aux exhortations et à la douceur. Le concile de Latran recommanda aux évêques de ne point prodiguer les sentences d'excommunication et des peines furent établies contre ceux qui en prononceraient injustement. Innocent avait formulé en ces termes la conduite à suivre à l'égard de l'hérétique : « Frappez de manière à guérir », et il recommandait de ne pas oublier « Celui

qui ferme ce que personne ne peut ouvrir et qui ouvre
ce que personne ne peut fermer. »

« L'esprit du véritable pontificat, dit l'historien allemand Hurter, n'est pas un esprit étroit. » C'est surtout
dans la personne d'Innocent que le pontificat apparut
avec une intelligence supérieure et un esprit d'humanité
qui forment un véritable contraste avec la mentalité et
les mœurs violentes de son époque. Sa conduite à l'égard
des Juifs révèle en particulier une largeur de vues et
une modération bien faite pour servir d'exemple. Innocent se fit ouvertement le protecteur des Juifs contre
les violences et les haines d'un siècle barbare. Il rendit
en leur faveur une ordonnance que l'on peut donner
comme l'expression la plus haute des sentiments de la
Papauté à l'endroit de cette race toujours opprimée.
« Les Juifs, disait-il, sont les témoins vivants de la vraie
foi chrétienne... Bien qu'ils aiment mieux persévérer
dans la dureté de leur cœur que de comprendre les pré-
dictions des prophètes, les mystères de leur loi et appren-
dre à connaître le Christ, ils ont néanmoins des droits
à notre protection. C'est pourquoi nous la leur accor-
dons par charité chrétienne, à *l'exemple de nos prédécesseurs...* Aucun chrétien ne doit attenter à leur
existence sans une sentence juridique, enlever leurs biens
ou changer leurs anciennes coutumes dans les lieux où
ils sont établis. Il n'est pas permis de les inquiéter, ni par
les coups, ni en leur jetant des pierres au milieu de leurs
fêtes, et moins encore en les obligeant à des prestations
de services qu'ils peuvent exécuter pendant d'autres
jours. Personne ne doit dévaster leurs cimetières ni
déterrer pour de l'argent leurs corps ensevelis : le tout
sous peine d'excommunication. » Liberté de conscience
et sécurité de la personne et des biens, tels étaient les
avantages que plusieurs siècles avant la Révolution la
Papauté avait osé revendiquer en faveur des Juifs.

Le concile de Latran renouvela il est vrai une
ancienne ordonnance qui interdisait aux Juifs tout commerce avec les chrétiens et à ceux-ci tout commerce
avec les Juifs, sous peine d'excommunication. Mais cette
sévère mesure, d'un caractère tout provisoire, s'expli-

quait par ce fait que la chrétienté était alors épuisée par
l'usure des banquiers et des marchands juifs, elle n'avait
d'autre but que de faire baisser le taux de l'intérêt. On
voit qu'Innocent cherchait à éloigner les abus de tout
genre. Il ne frappait que pour protéger.

C'est à cet homme au sens si droit et à l'esprit si
modéré qu'on a reproché d'avoir recouru aux violences
de la guerre pour maintenir l'intégrité de la foi et
vaincre l'hérésie albigeoise. Pour juger avec équité cette
sanglante guerre de vingt ans contre les hérétiques du
midi de la France, il faut avant tout se mettre en garde
contre les préventions d'une critique étroite et pas-
sionnée et se pénétrer largement de l'esprit du passé. Il
s'agit ici d'une croisade, c'est-à-dire d'une de ces guerres
saintes « inspirées par Dieu, suivant l'expression de
Guillaume de Nogent, afin de donner aux hommes un
nouveau moyen de salut ». L'ennemi à combattre n'est
plus sans doute l'infidèle, mais pour les générations de
cette époque, l'hérétique était « pire que le Sarrasin »,
comme le déclarait Innocent III lui-même. Or, en un
temps où la religion régnait sans partage sur l'opinion,
le nom seul de guerre sainte imposait aux meilleurs
esprits et faisait illusion sur les odieuses violences qui
déshonoraient ces expéditions. La croisade, c'était « la
voix de Dieu ». La critique doit donc désarmer devant
des titres consacrés par le commun respect.

La croisade albigeoise se présentait d'ailleurs avec
tous les caractères d'une guerre défensive. Ces communautés cathares hiérarchiquement instituées et en rela-
tion les unes avec les autres, le nombre considérable et
toujours croissant de leurs adeptes, l'audace de leurs
prétentions doctrinales indiquaient un mouvement des
esprits auquel ne convenait que très imparfaitement
le nom d'hérésie.

C'était comme une Eglise nouvelle qui s'élevait en face
de l'Eglise orthodoxe et menaçait d'absorber la vitalité
religieuse de la catholicité (1).

(1) Ita per omnes terras multiplicati sunt, ut grande periculum patia-
tur Ecclesia Dei. » (Eckbertus.) Certains historiens ont cru voir dans
l'hérésie albigeoise comme une préparation du protestantisme. Voyez

Forts de l'appui d'une grande partie des seigneurs du Midi, comptant surtout sur la protection de Raymond VI, comte de Toulouse, de la puissante maison de Saint-Gilles qui possédait alors la plupart des grands fiefs de la région, et sur celle de Raymond Roger, vicomte de Béziers, les Albigeois de France avaient pris eux-mêmes l'offensive contre l'Eglise romaine en expulsant les évêques de leurs monastères et en égorgeant les prêtres. Ce sont ces excès qui avaient amené le pape Lucius III à formuler, au concile de Vérone, de concert avec Frédéric Ier, empereur d'Allemagne, le célèbre décret relatif à la répression de l'hérésie par le pouvoir séculier. L'inefficacité de ce décret n'avait fait qu'attester la gravité du péril albigeois. Innocent III répugnait instinctivement à l'emploi des mesures de rigueur, mais il avait aussi le sentiment qu'il fallait agir avec plus d'énergie contre la secte. Il ne voulut toutefois recourir à la force qu'après avoir épuisé auprès des hérétiques les moyens pacifiques de conversion. Dès son avènement, il avait chargé deux moines de Cîteaux, Guy et Régnier, d'entreprendre la conversion des Albigeois, avec la qualité de légats apostoliques, il leur adjoignit peu après Pierre de Castelnau, archidiacre de Maguelonne, le cardinal Raoul et l'abbé de Cîteaux, Arnauld Amaury, l'un des hommes les plus éloquents de son temps (1).

Dix ans d'efforts stériles, telle fut l'œuvre de ces légats. A la fin, découragés, ne trouvant de soutien ni parmi les seigneurs ni parmi les évêques, ils demandèrent au pape de les décharger de leur mission. Mais Innocent leur avait ordonné de persister : « Si opiniâtres, si incorrigibles que puissent vous paraître

---

Hist. littér. de la France, t. XXV, notice de Renan sur J. Victor Le Clerc.

(1) En 1206, les légats apostoliques rencontrèrent Diégo, évêque d'Osma, qui traversait le Languedoc avec saint Dominique ; ce dernier, saisi de pitié à la vue du progrès qu'avait faits l'hérésie, résolut de joindre ses efforts à ceux des légats, et pendant dix ans prêcha avec plus de persévérance que de succès, sans prendre d'ailleurs aucune part à la croisade.

les peuples vers lesquels vous avez été envoyés, leur avait-il dit, vous ne devez pas délaisser votre ministère. A l'énergie unissez la patience, et ayez confiance dans le Seigneur qui saura récompenser votre zèle. »

L'œuvre de conversion avait gardé pendant ces dix ans son caractère pacifique. On avait vu les religieux de Cîteaux aidés de saint Dominique renoncer à tout appareil d'ostentation et de menace et parcourir le pays, nu-pieds, allant de ville en ville, de village en village, prêcher les hérétiques. Mais pour être mieux écoutée, leur parole n'avait pas été plus efficace. Les choses en étaient là quand les provocations et les violences des Albigeois firent éclater la guerre. En 1207, Pierre de Castelnau, ayant voulu obliger le comte de Toulouse à restituer aux églises ce qu'il leur avait pris, Raymond VI refusa et fut excommunié. Irrité, il manifesta imprudemment comme Henri II vis-à-vis de Thomas Becket, le désir d'être vengé. Un de ses chevaliers courut aussitôt après le légat, l'atteignit à Saint-Gilles (près d'Albi) et le tua d'un coup de poignard (janvier 1208). Ce meurtre fut le signal de la croisade. Innocent III frappa d'anathème le comte de Toulouse délia ses sujets du serment de fidélité, mit ses domaines en interdit et les exposa au premier occupant. Il conjurait en même temps Philippe-Auguste, au nom de Jésus-Christ, de « faire peser sur le comte tout le poids de sa royale puissance». L'abbé de Cîteaux, Arnauld, et les religieux de son ordre furent chargés de parcourir la France du nord et de prêcher la guerre sainte. Quiconque avait pris l'engagement de combattre les Sarrasins fut autorisé à s'acquitter de son vœu en s'armant contre les hérétiques. C'était donc bien une croisade qui s'organisait, la guerre sainte à laquelle Innocent III avait dû secourir, devant l'inefficacité des moyens pacifiques, pour soustraire l'Eglise à la contagion de l'hérésie albigeoise.

Ce n'est pas ici le lieu de retracer l'histoire de cette guerre dont les horreurs ont servi si souvent à noircir la mémoire d'Innocent III (1). Emportés par l'excès de leur zèle les légats commirent de grandes fautes et leurs ordres parfois inhumains soulevèrent des protestations, on doit le dire, dans les rangs mêmes des croisés.

On peut du moins affirmer que si le pape Innocent fut entraîné dans la lutte au delà de ses prévisions, il n'ordonna pas les horreurs qui caractérisent cette guerre d'extermination ; il se montra d'ailleurs empressé d'en finir avec la période des violences. C'est ainsi qu'en 1213 il accueillit sans hésiter la médiation du roi d'Aragon, Pèdre II, qui venait de s'illustrer par sa lutte contre les musulmans d'Espagne ; il suspendit la prédication de la croisade, modéra le zèle de ses légats et convoqua un concile à Lavaur pour essayer encore une fois les moyens pacifiques. Si la guerre suivit son horrible cours, c'est qu'elle avait déjà perdu en partie son caractère primitif et que l'intérêt politique commençait à absorber dans la pensée des vainqueurs l'intérêt religieux ; c'est aussi parce qu'Innocent III avait été impuissant à faire partager ses dispositions conciliantes par le clergé de France et par les croisés. La lumineuse intelligence d'Innocent III avait d'ailleurs compris très vite que la guerre albigeoise serait plus funeste qu'utile à la cause de l'orthodoxie. Après le concile de Latran, la croisade se transformait en effet en une guerre dynastique qui profita en fin de compte à la France, mais ne servit aucunement les intérêts de l'Eglise. Celle-ci dut recourir à d'autres moyens, elle fit appel à l'Inquisition.

Il faut se garder toutefois de faire remonter à Innocent III l'établissement et l'organisation de la procédure inquisitoriale. L'origine de la redoutable institution est antérieure à son pontificat. Elle doit être recher-

---

(1) On sait que la prise de Béziers fut l'occasion d'un massacre épouvantable. L'abbé de Cîteaux aurait fait cette réponse à ceux qui lui demandaient quelle conduite il fallait tenir pendant l'assaut, puisqu'on ne pouvait distinguer les catholiques des hérétiques « Tuez-les tous, Dieu saura bien distinguer ceux qui lui appartiennent. » Mais il faut remarquer que certains historiens, comme Eccard, nient l'authenticité de cette parole inhumaine. Les chroniques de l'époque, qui n'omettent rien de ce qui peut noircir les légats pontificaux, n'en font aucune mention.

chée dans ce décret de 1184 qui ordonnait aux évêques
d'envoyer des commissaires dans les localités où ils
soupçonnaient la présence d'hérétiques pour y faire une
enquête : ces commissaires furent les premiers inquisiteurs épiscopaux. Les légats apostoliques envoyés dans
le Languedoc par Innocent III sont regardés communé-
ment, il est vrai, comme les premiers inquisiteurs pontificaux. Mais l'institution ne fut pas organisée sous son
pontificat, avec ce caractère spécial qui la distingue de
la justice ecclésiastique ordinaire. Le concile de Latran,
de 1215 confiait encore le jugement des hérétiques aux
évêques et à leurs délégués. Il interdisait d'autre part
aux ecclésiastiques non seulement de prononcer aucun
jugement qui entraînât l'effusion du sang, mais même
d'assister à l'exécution de ces sentences. Tous les décrets
portés par Innocent III au sujet de la répression légale
de l'hérésie n'eurent qu'un caractère provisoire. La
régime de l'inquisition dont Lucius III avait posé la
première base ne fut définitivement constitué que sous
le pontificat de Grégoire IX. En 1233, Grégoire IX confia
la recherche des hérétiques (*inquisitio herœticœ pravi-
tatis*) aux Dominicains pour l'exercer au nom du pape,
d'une façon permanente. L'inquisition devint alors un
tribunal distinct de la justice ecclésiastique ordinaire et
sa procédure se sépara de la procédure canonique en
empruntant son système de pénalité à la justice séculière.
Ni l'inquisition ni la guerre albigeoise ne sauraient donc
nous empêcher d'affirmer que l'esprit d'équité et de tolérance inspira d'une manière générale les actes de ce
pontificat si rempli d'événements qui fut celui d'Innocent III.

*
* *

Avec la restauration du gouvernement et de la discipline ecclésiastique, Innocent III n'eut rien de plus à
cœur que l'organisation d'une croisade pour la délivrance
des Lieux Saints. « Les papes, dit Joseph de Maistre,
voyaient les Musulmans prêts à déborder sur l'Europe,
ils découvrirent avec les yeux d'Annibal que pour

repousser cette formidable puissance il fallait l'attaquer chez elle. » Telle était la pensée d'Innocent III.

La tiare devait sauver la chrétienté du croissant. Mais ce résultat ne pouvait être obtenu que si la Terre Sainte était délivrée du joug de l'infidèle. De là les appels réitérés d'Innocent aux princes, aux évêques et aux ordres religieux en vue de la croisade. Des chrétiens pouvaient-ils oublier « Celui qui avait été chassé de sa patrie et qui était devenu un étranger, celui que l'on avait attaché de nouveau à la croix et qui réclamait leur secours, en se tenant et en frappant à la porte des siens ? » Il représentait surtout au roi de France la triste situation du royaume de Jérusalem. « Par les dissensions qui divisaient les Sarrasins, le Seigneur, disait-il, donnait au peuple chrétien le signal de la croisade. Il devait donc non seulement permettre à ses croisés de partir mais les y forcer, lui-même devait équiper un nombre convenable de combattants, afin d'offrir au moins la dîme au Seigneur (1). » Mais l'ancienne ferveur était tombée et le clergé lui-même ne seconda que faiblement les desseins du pontife. C'est que le doute commençait déjà à se glisser dans les âmes et bientôt allait apparaître un personnage nouveau : le *décroisé,* c'est-à-dire celui qui devait changer la croix en pile. Le décroisé ne sera pas, il est vrai, un impie, ce sera un raisonneur qui ne croira pas Dieu si exigeant. Ce personnage d'abord timide, puis bientôt plus hardi se dira que le Sépulcre est bien loin, que le voyage est dangereux et qu'il vaut mieux gagner Dieu sans bouger. Sancho-Pança d'un siècle encore chevaleresque, il aura la bouche pleine de proverbes : « Tiens bien ce que tu tiens » lui paraîtra venir de la bonne école et il jurera par Saint-Pierre de Rome qu'il ne se dérangera pas.

Innocent ne se laissa pas décourager par tous ces obstacles, et secondé par l'éloquence d'un prêtre français, Foulques, curé de Neuilly, qui avait la réputation d'un saint, il réussit à entraîner vers la Terre Sainte

(1) Ep. v. 141 ; Ep. ii, 270-271. Ep. ix, 255. Ep. ii, 25. Ep. i 69, Ep. ii, 251.

une partie de la noblesse française enflammée par « le désir de conquérir dans ces contrées sacrées la plus belle couronne qui puisse orner un chevalier chrétien ».

Ce fut la quatrième croisade. Mais la direction inattendue que prit cette expédition montra bien que dans les préoccupations des nouveaux croisés des fins très réalistes l'emportaient déjà sur les pensées de foi. Finalement la quatrième croisade aboutit, comme on sait, à la prise de Constantinople, à la destruction de l'empire grec et à la création d'un empire latin d'Orient. Tout avortée que fût cette expédition en son véritable objet, la fondation d'un Empire orthodoxe sur les rives du Bosphore ne laissa pas d'accroître, dans une mesure considérable, le prestige du Saint-Siège, d'autant qu'on ne doutait pas alors qu'elle ne fût suivie bientôt de la reprise des Lieux Saints. Cette union des deux Eglises que les papes avaient si constamment et si vraiment désirée semblait enfin accomplie ; et, tandis que les Grecs d'Asie dont les croisés s'étaient par avance distribué les possessions, établissaient à Nicée la capitale de leur Empire démembré, on vit pour la première fois résider dans Constantinople un patriarche relevant du successeur des apôtres (1).

La croisade albigeoise devait nécessairement ajourner la reprise de la croisade sarrasine. Mais Innocent ne perdait point de vue la délivrance de la Terre Sainte. Le concile de Latran fut convoqué avant tout en vue des dispositions à prendre pour arracher le tombeau du Sauveur des mains des infidèles. Il décida que le rendez-vous général des croisés aurait lieu dans le royaume de Sicile, à Brindes ou à Messine, et que leur départ, auquel le pape se proposait d'assister en personne, s'effectuerait le 1er juin 1217. Le décret fut aussitôt notifié à tous les Etats chrétiens, les dispositions sévères que le pape y avait insérées parurent avoir diminué le zèle des fidèles. Avec Frédéric II et le roi d'Angleterre, un autre souverain, André, roi de Hongrie, avait alors pris la croix. Mais la cinquième croisade dirigée contre l'Egypte (1217-

____

(1) Voyez F. ROCQUAIN, ouvrage déjà cité, p. 371.

1221) ne donna, comme on sait, aucun résultat. Le prestige des guerres saintes était tombé, le temps n'était plus où le nom seul de Jérusalem, enflammait les âmes et marquait le but de toute politique. L'esprit nomade de la chevalerie féodale avait changé.

Innocent avait compté sur son autorité de chef de la chrétienté et sur son crédit personnel pour assurer le succès de la nouvelle expédition, mais une fièvre mortelle le saisit l'année même qui précéda le départ des croisés. Il succomba le 16 juillet 1216, dans la cinquante-sixième année de son âge. Après avoir occupé le siège de Saint-Pierre pendant dix-huit années, six mois et sept jours, il laissait donc inachevée cette œuvre du recouvrement de la Terre Sainte qui avait été la grande pensée de sa vie et qui devait être la couronne de son long et glorieux pontificat.

CONCLUSION

« La gloire de ses actions remplit la ville du monde et le monde (1). » Ce jugement d'un historien contemporain d'Innocent III, l'histoire peut le ratifier et l'appliquer sans flatterie à un pontificat qui marqua dans les annales de l'Eglise l'apogée du pouvoir romain et à un pape qui par la noblesse de ses sentiments, la sainteté de ses vues et la grandeur de ses projets, s'éleva au premier rang des hommes d'Etat.

Il est vrai que ce pontificat marque aussi le moment où commence le déclin du pouvoir des papes. L'échec de la croisade, cette grande pensée du règne d'Innocent III la nécessité où fut réduit ce pontife de recourir à la guerre pour abattre la force d'une hérésie qui menaçait d'ébranler avec la foi l'édifice même de l'Eglise, la tendance non plus seulement des princes mais encore

(1) A la fin des *Gesta* dans Baluze.

des peuples à dénier ouvertement aux papes le droit de
s'ingérer dans la conduite des Etats, l'impuissance du
plus désintéressé des pontifes à réprimer l'exploitation
financière de la chrétienté par la curie romaine de cette
époque, toutes ces causes d'affaiblissement montrent
bien que la papauté n'avait plus sur les esprits le
même ascendant que par le passé. L'œuvre politique
d'Innocent III n'eut pas de durée, les royaumes mêmes
qui reconnaissaient la suzeraineté du Saint-Siège ne
furent jamais réellement soumis au pape. Il en fut
autrement de son œuvre de discipline ecclésiastique qui
subsiste encore de nos jours. C'est à lui qu'il faut faire
remonter l'organisation de ce que l'on a appelé la
monarchie pontificale c'est-à-dire de ce gouvernement
qui centralisait tous les pouvoirs de l'Eglise entre les
mains du pape.

Mais c'est moins par ses résultats que par les leçons
de pondération et de justice dont il est rempli qu'il faut
étudier et juger le pontificat d'Innocent III. On se
trouve en présence d'un homme supérieur qui sut
réunir dans sa personne toutes les qualités capables
d'imposer la sympathie et le respect, toutes les vertus
qui rehaussent le commandement : la sagesse incom-
parable d'un grand souverain et la sainteté d'un véritable Souverain Pontife.

BIBLIOGRAPHIE

SOURCES : *Les actes des Conciles* de l'époque dans les diverses collections des Conciles, notamment MAUSI : *Conciliorum nova et amplissima collectio.* — JAFFÉ : *Les registres et lettres des papes.* — POTTHAST : *Regesta pontificum romanorum.* — MIGNE : *Patrologie latine*, t. 148 ; *Epistolæ Innocentii*, ch. II, *ibid.* 214-217. *Le Decretum Gratiani, les Decretales Gregorii noni* dans les diverses éditions du *Corpus Juris canonici.*

LIVRES. — HURTER : *Histoire du pape Innocent III et de ses contemporains*, 3 vol. in-8 (traduction de Saint-Chéron et de J.-B. Haiber) ; *Tableau des institutions et des mœurs au Moyen Age*, 3 vol. in-8. — A. LUCHAIRE : *Innocent III, Rome et l'Italie.* — RAMBAUD et LAVISSE : *Histoire Générale*, tome II, art. de M. EMILE CHÉNON : *L'Eglise et le pouvoir pontifical, de Grégoire VII à Boniface VIII.* — VACANDARD : *Histoire de saint Bernard et de son siècle*, 2 vol. — LACORDAIRE : *Vie de saint Dominique.* — PAUL SABATIER : *Vie de saint François d'Assise.* — DOUAIS : *Les Albigeois, leurs origines, action de l'Eglise au XIII' siècle.* — F. ROCQUAIN : *La cour de Rome et l'esprit de réforme avant Luther*, t. I. *La Théocratie.* — *Histoire de la Papauté au Moyen Age.* — CH. LANGLOIS : *Histoire de l'Inquisition.* — KRAUSS : *Histoire de l'Eglise* (trad. Godet), t. II : bibliographie sur l'*Inquisition, sur les Franciscains et les Dominicains.*

On trouvera le complément de cette bibliographie dans les articles de la *Revue des Deux Mondes* années 1903-1904 dont la réunion a formé l'excellent livre de M. LUCHAIRE déjà cité.

TABLE DES MATIÈRES

325-05. — Imprimerie des Orphelins-Apprentis d'Auteuil, F. Blétit, 40, rue La Fontaine, Paris.

www.ingramcontent.com/pod-product-compliance
Ingram Content Group UK Ltd.
Pitfield, Milton Keynes, MK11 3LW, UK
UKHW021452090726
13657UKWH00003B/1343